SEEKERS

―探索者たち―

MON

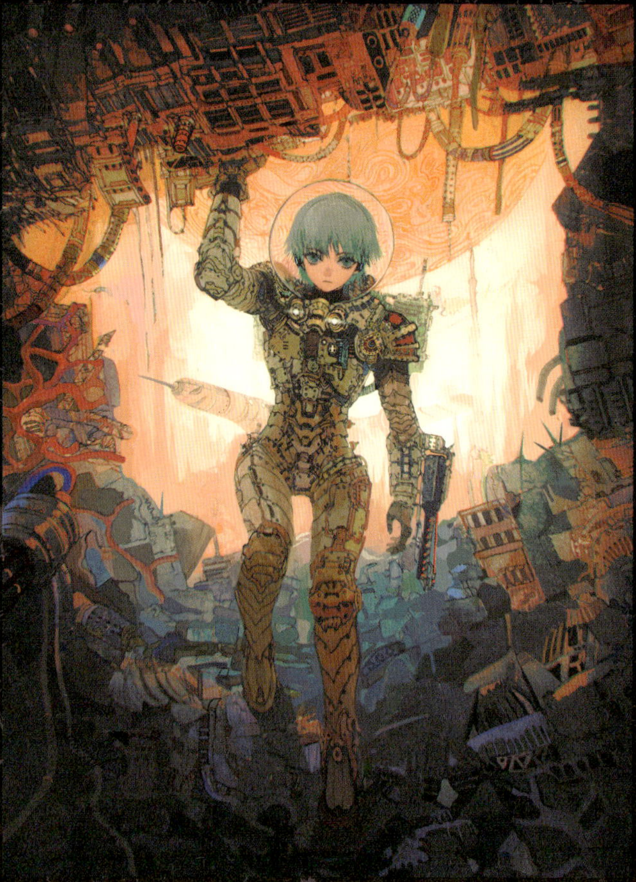

SEEKERS

Author MON

Design Hiroshi Ikeda (PIE Graphics)
Editor Yuka Tsutsui

PIE International Inc.
2-32-4 Minami-Otsuka, Toshima-ku, Tokyo 170-0005 JAPAN
international@pie.co.jp
www.pie.co.jp/english

ISBN978-4-7562-5923-3 (outside Japan)
Printed in Japan

INTRODUCTION

子供の頃から、夜中に外を歩く時はよく星空を見上げています。
星を見つめながら、宇宙には地球以外にも姿形がまったく異なる生命体がいて、文明を築き上げているとしたら……と想像を膨らませていました。
異星人は存在すると信じているので、今の願望は人類が異星人の文明と接触し、すべての人がその瞬間を認識するまで生き続けることです。

この本では、人類と異星人の接触や星間旅行が当たり前に行えるようになった未来の世界をコンセプトにしています。
その時の人類は、一体どんな技術の発展を遂げ、どういった道具を使用しているのだろうか、と描いながら私の想像を詰め込みました。

『SEEKERS』は惑星を巡り、星の痕跡を調査する探索者が主人公の物語です。
物語を通じて、子供の頃に抱いた宇宙や未知への憧れのようなものを少しでも感じていただけたら幸いです。

CONTENTS

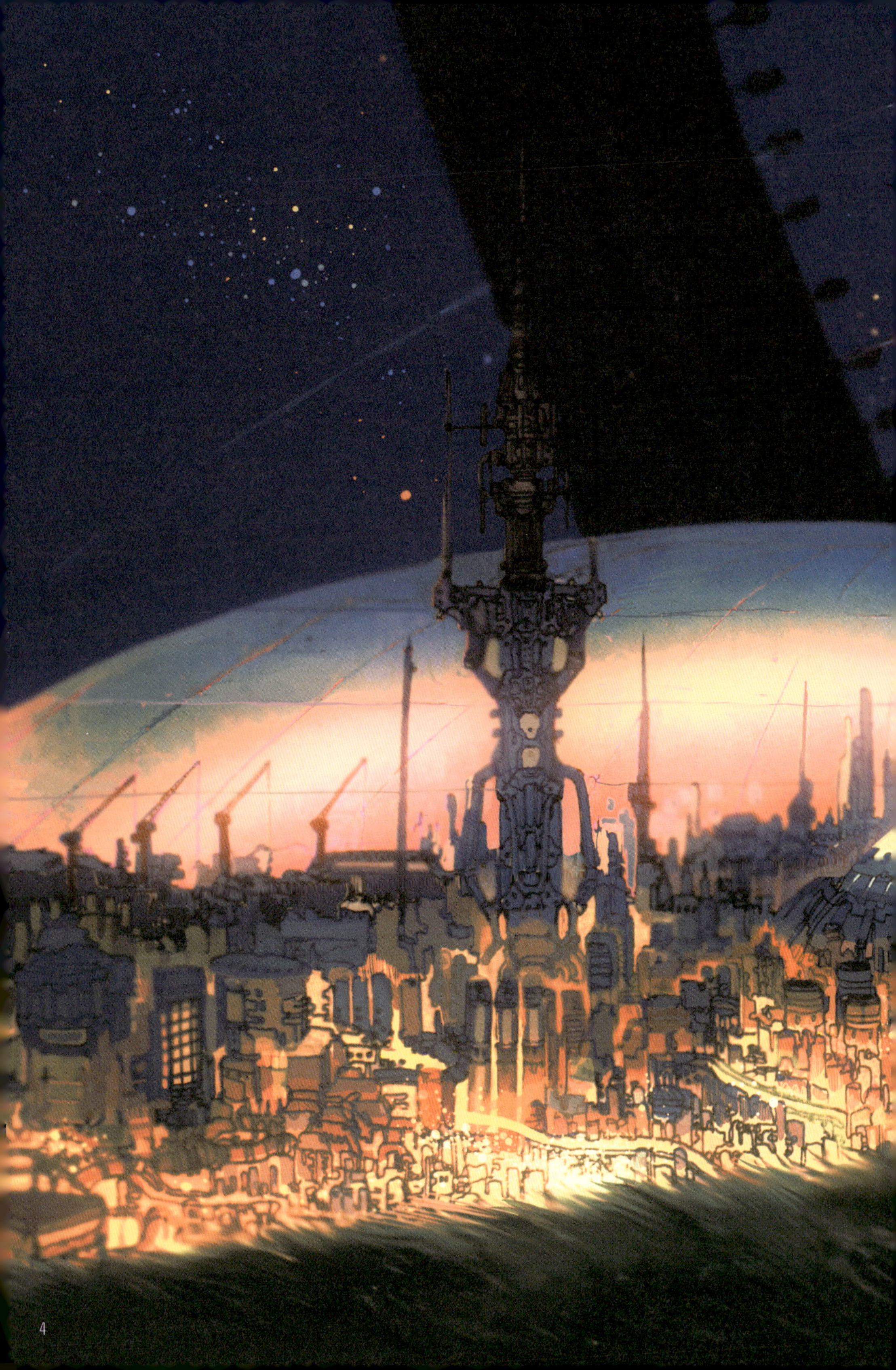

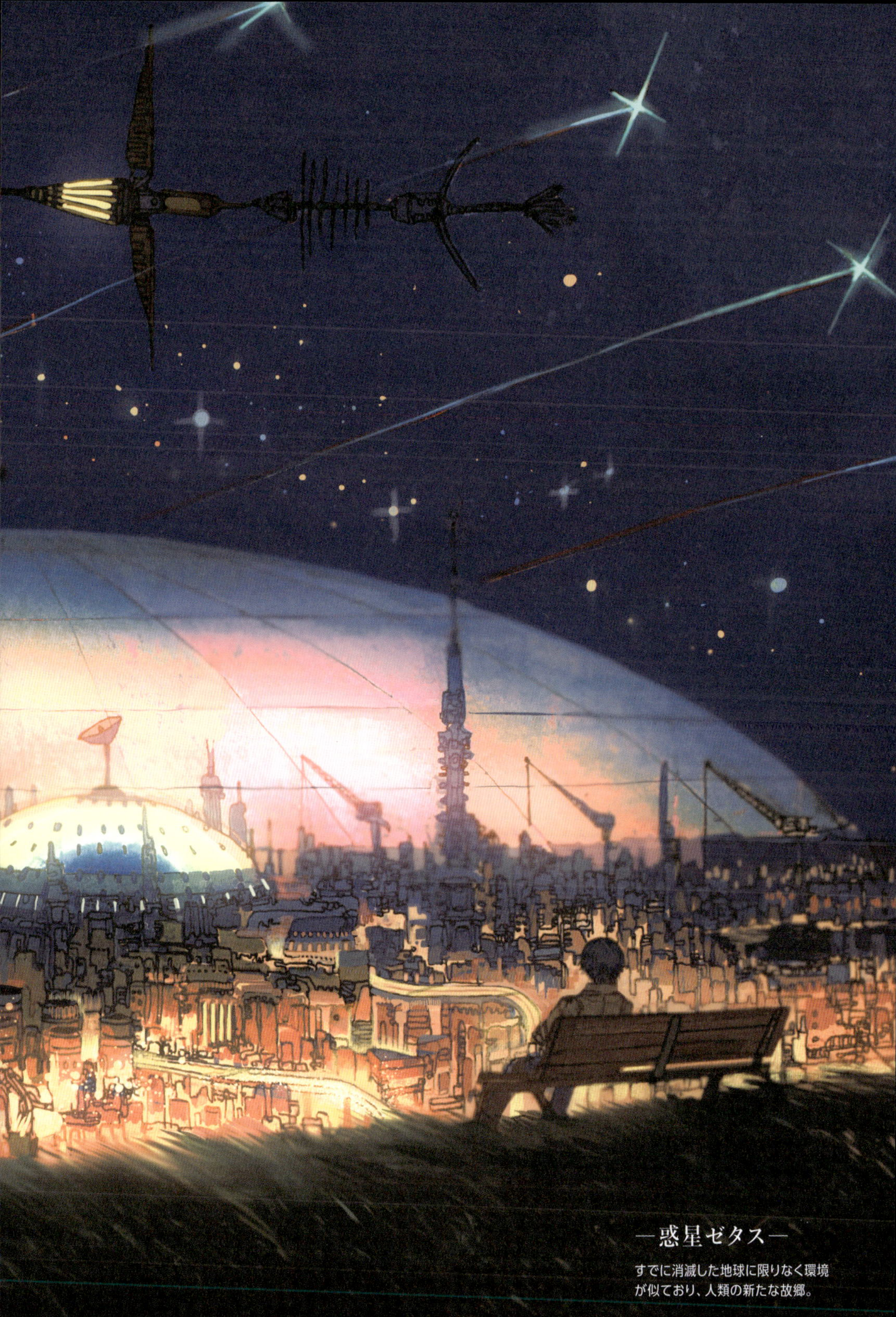

—惑星ゼタス—

すでに消滅した地球に限りなく環境が似ており、人類の新たな故郷。

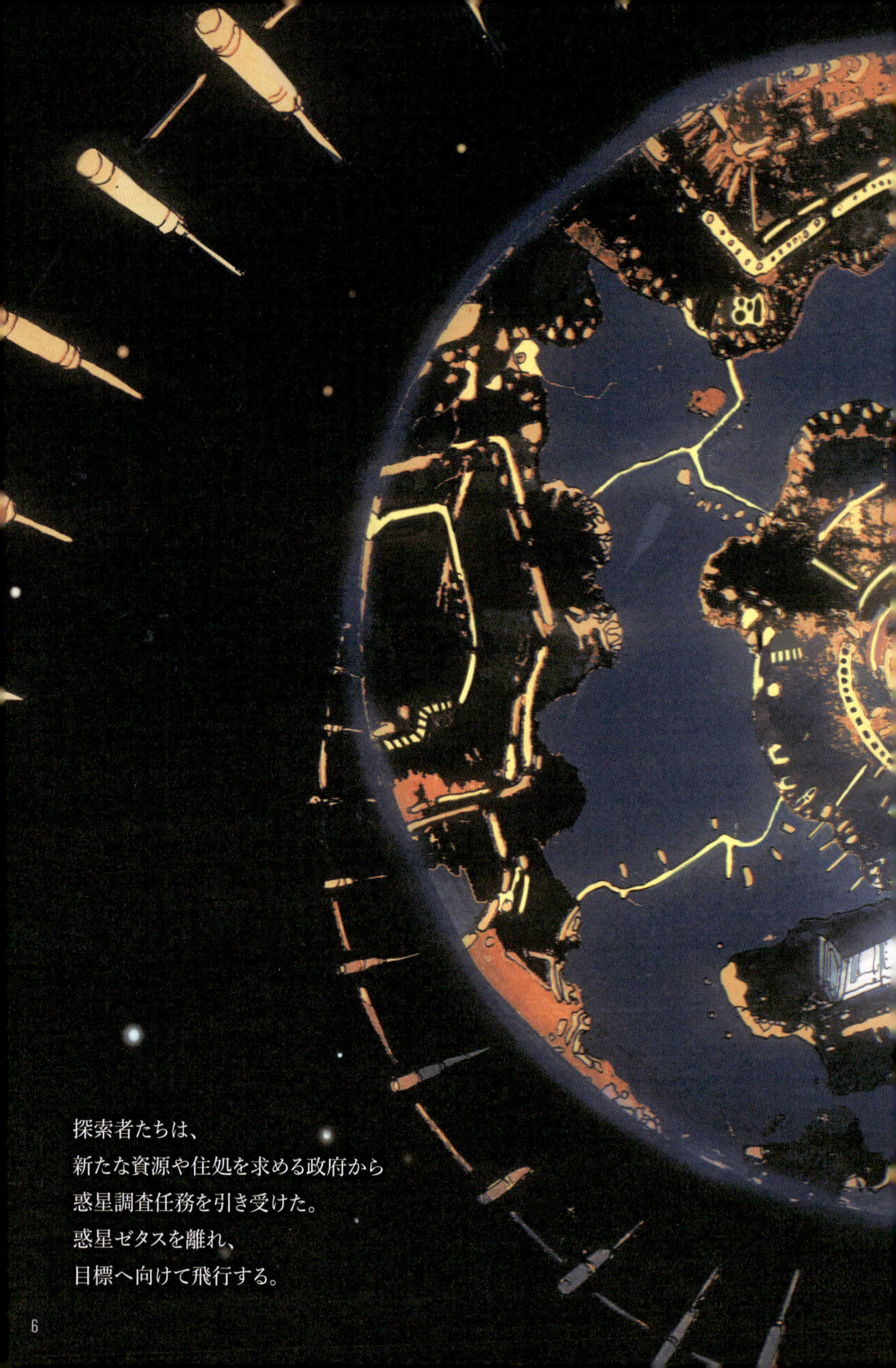

探索者たちは、
新たな資源や住処を求める政府から
惑星調査任務を引き受けた。
惑星ゼタスを離れ、
目標へ向けて飛行する。

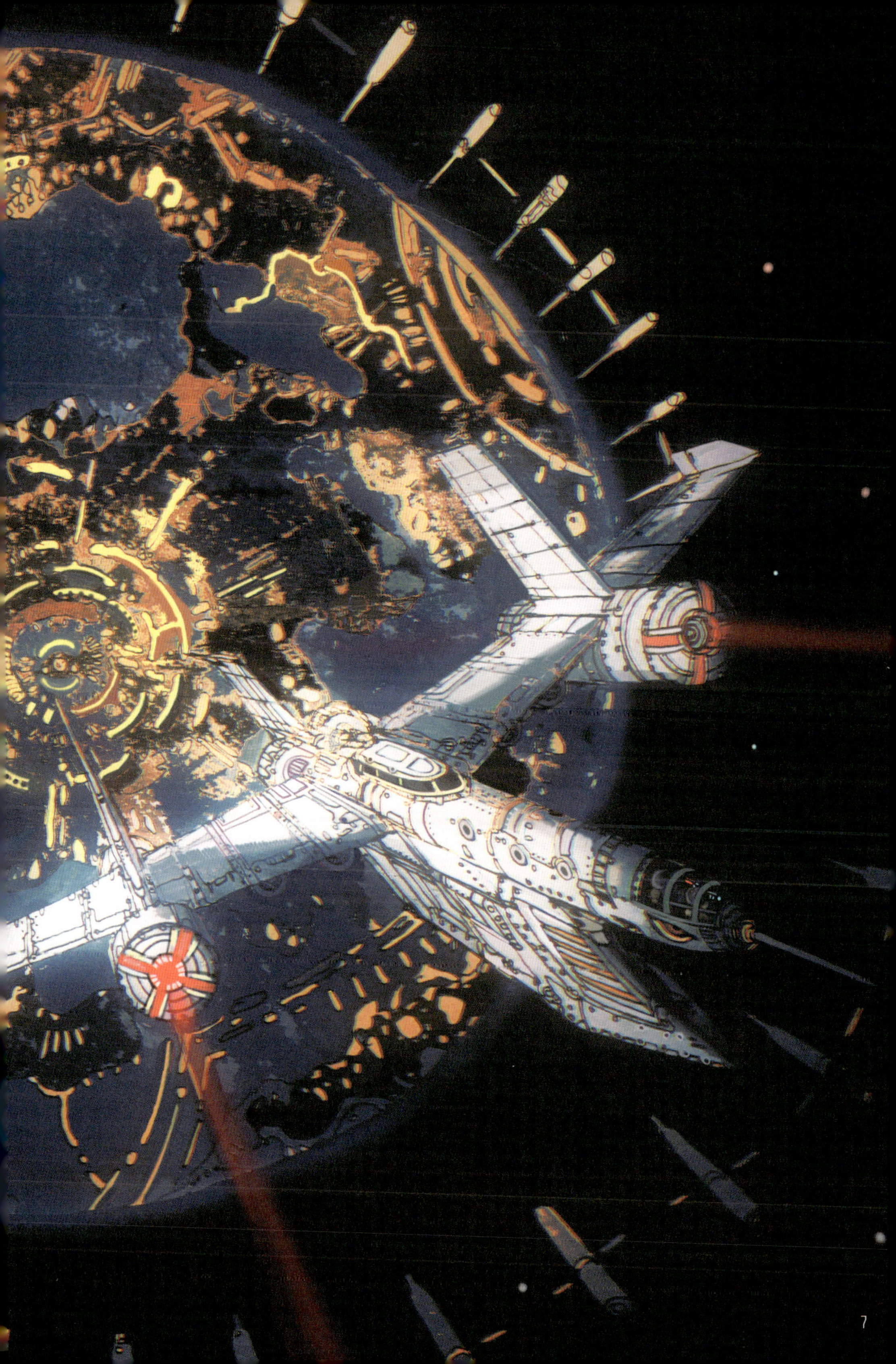

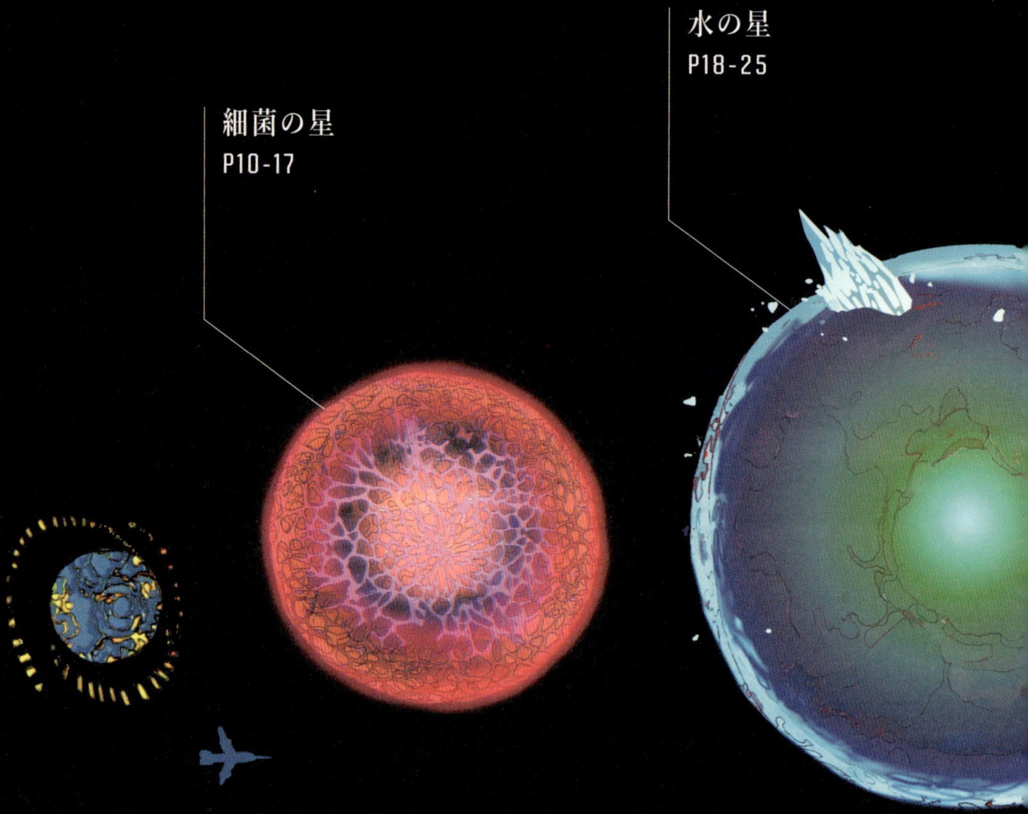

1. STORY

SEEKERS NOTES 探索者の記録

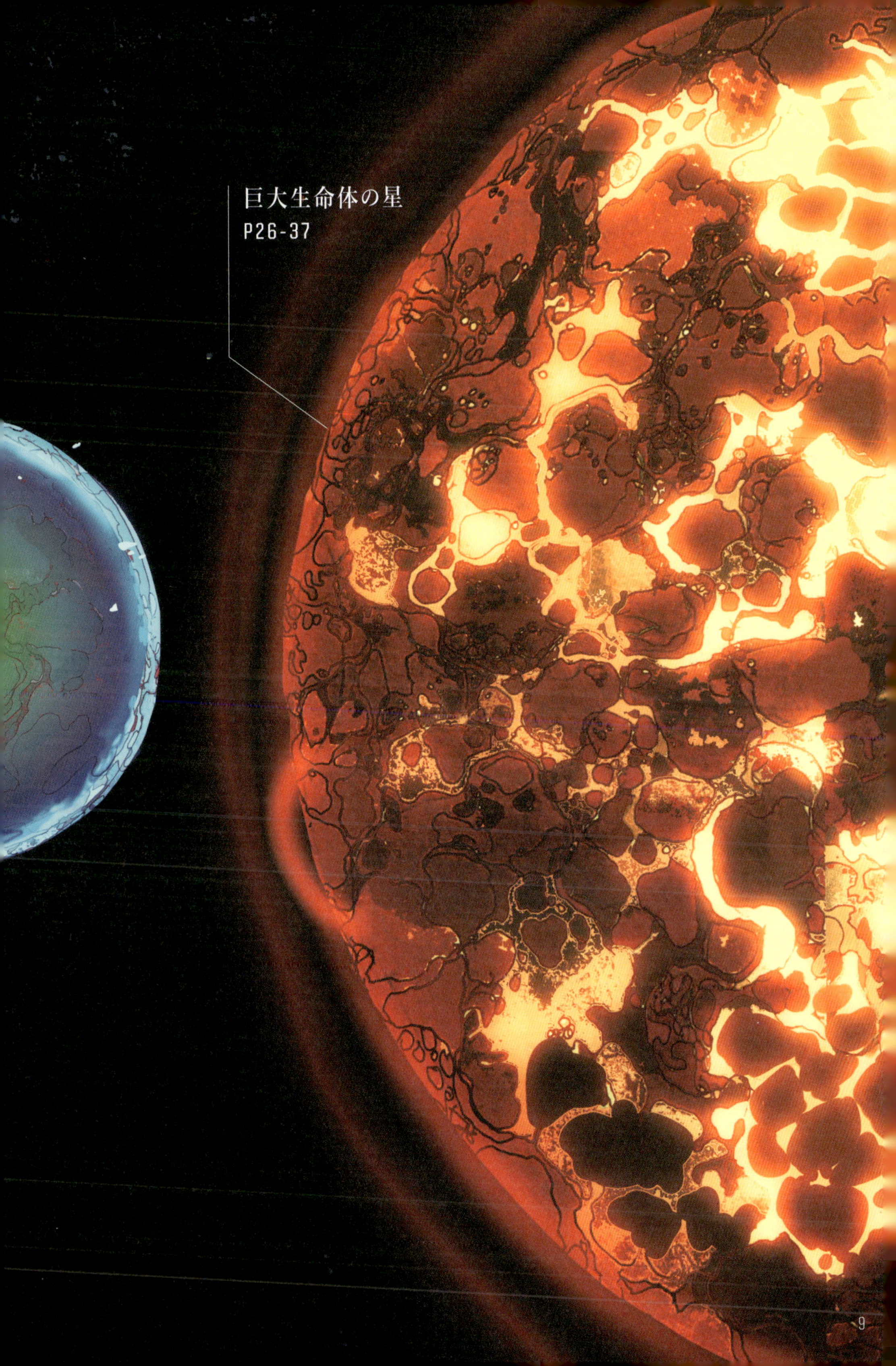
巨大生命体の星
P26-37

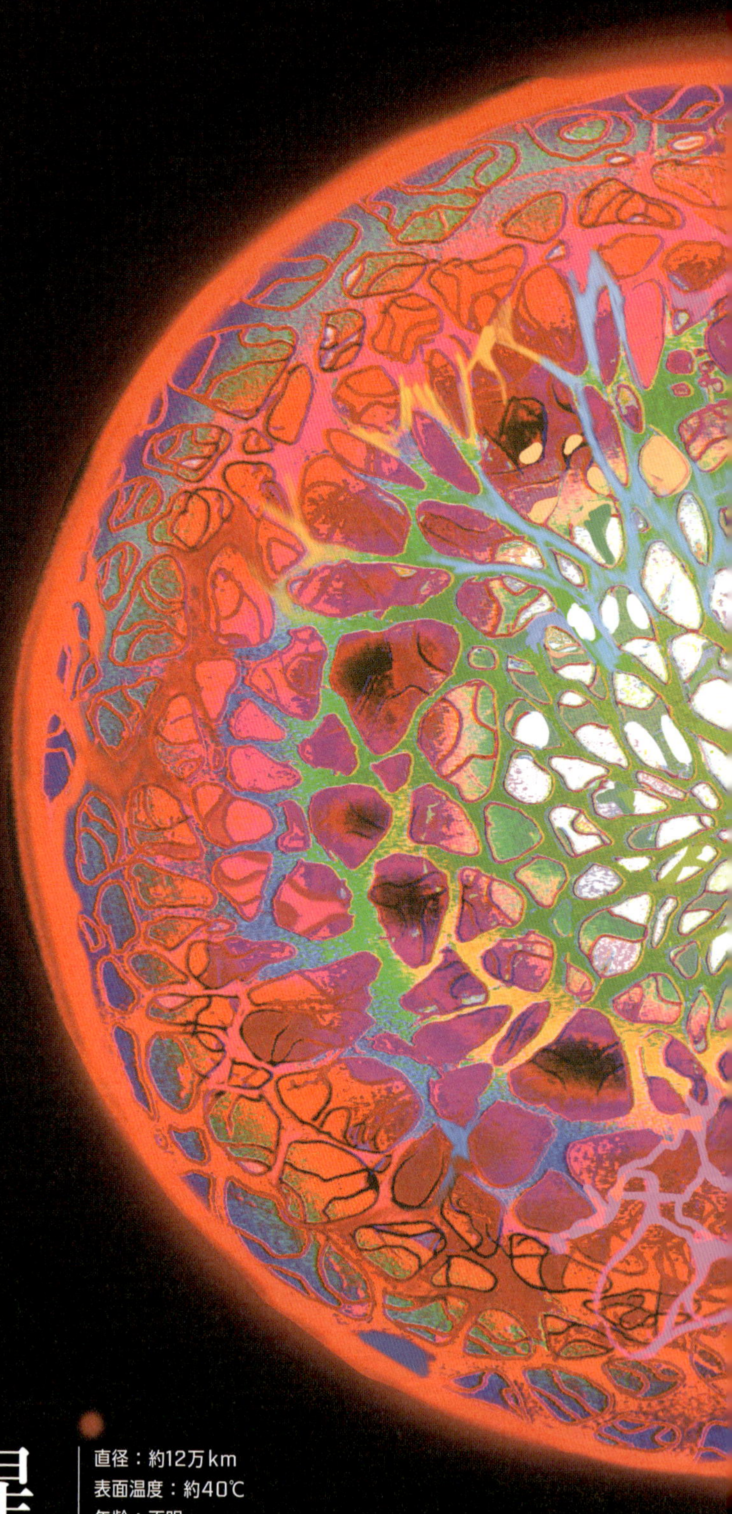

細菌の星

直径：約12万km
表面温度：約40℃
年齢：不明

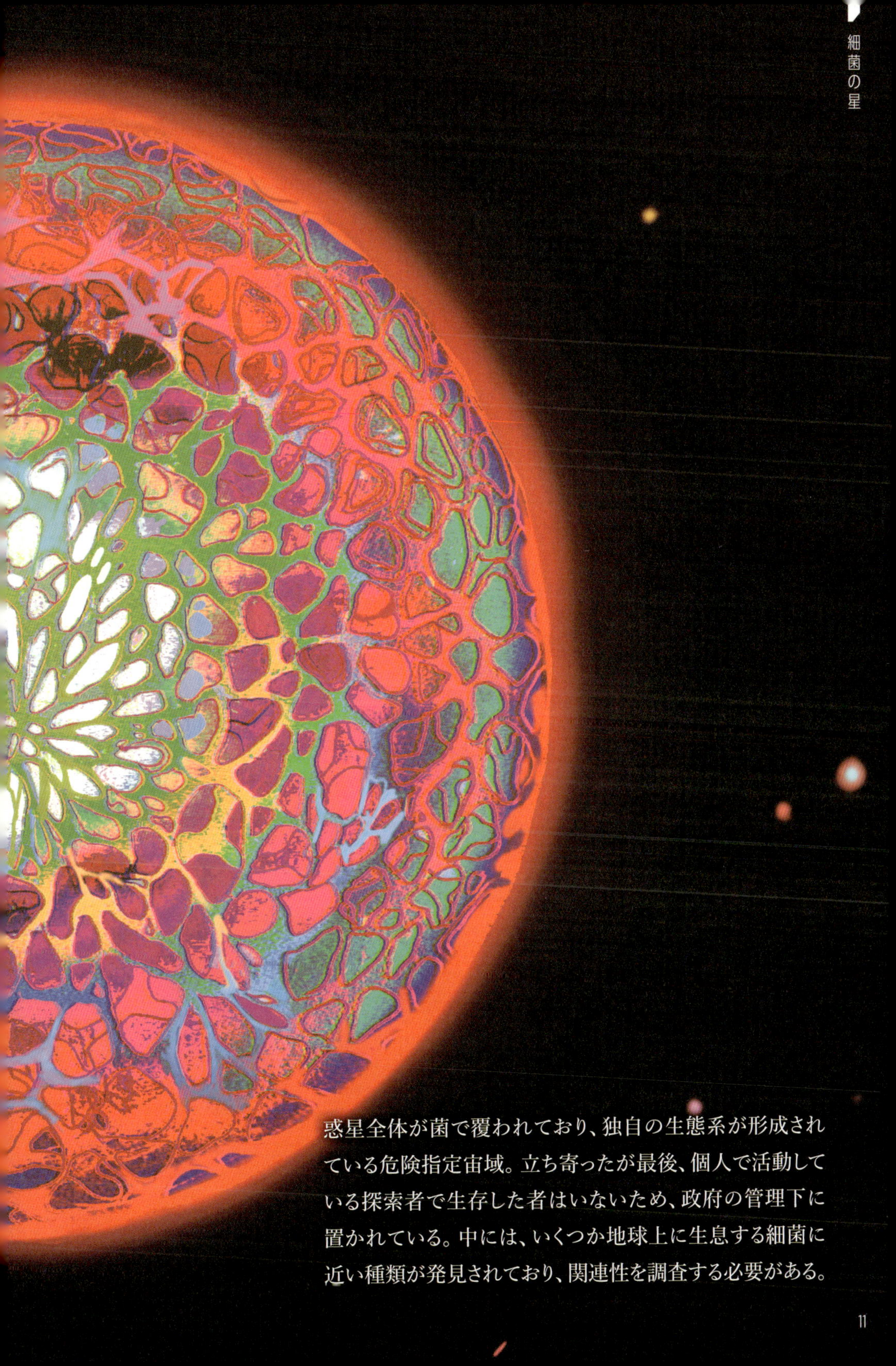

惑星全体が菌で覆われており、独自の生態系が形成されている危険指定宙域。立ち寄ったが最後、個人で活動している探索者で生存した者はいないため、政府の管理下に置かれている。中には、いくつか地球上に生息する細菌に近い種類が発見されており、関連性を調査する必要がある。

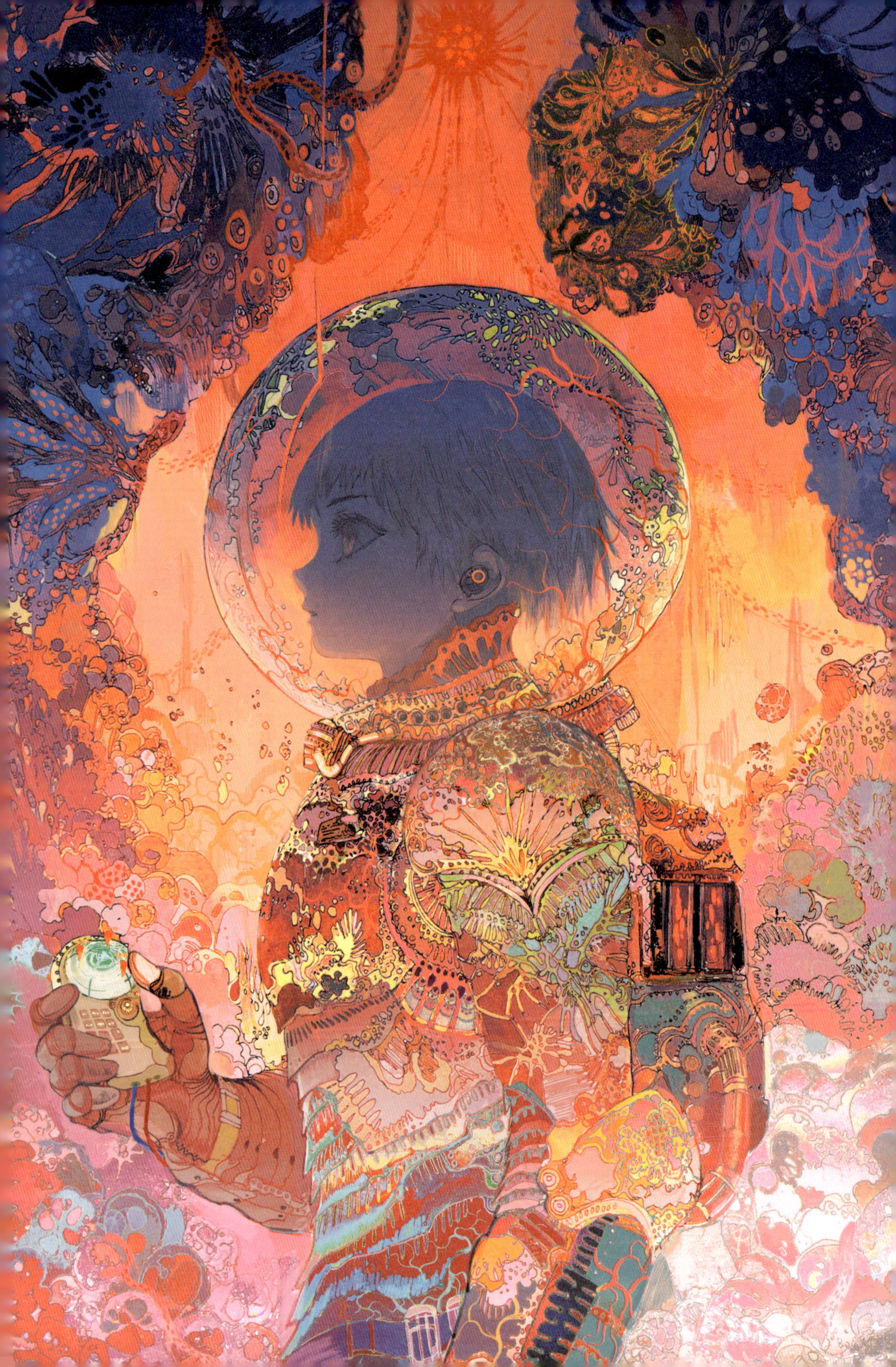

細菌の星は、異常に巨大化した菌によって覆い尽くされている。
探索者たちの任務は、時間が許される限りあらゆる菌のサンプルを採取し帰還すること。
この惑星での長居は禁物だ。
空気中に漂う菌や周囲の異物はどんな物質でも貫通し、内部を侵食する。
装着している防護服はもはや意味をなさない。
無論、ヘルメットを外すと細菌は体内に侵入し内臓を破壊。寄生された者は即死する。

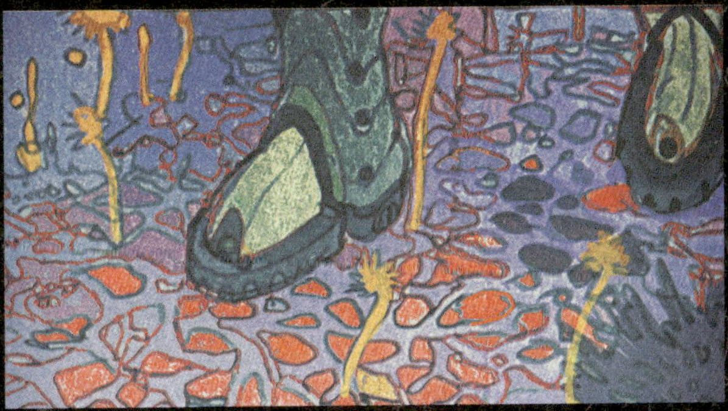

「すごいところだよ、ここ。まるで私たちが細菌より小さくなったみたいだ」
「あまり感慨に浸るなよ。さっさとサンプルの採集を終わらせないと、菌どもがあんたの防護服を侵食してドロドロな死体にしたあと、それを俺が持ち帰ることになる。
だから前の探索任務の時みたいに、連絡も無しで一人でどっか行っちまうのは頼むからやめてくれ」
「努力するよ」

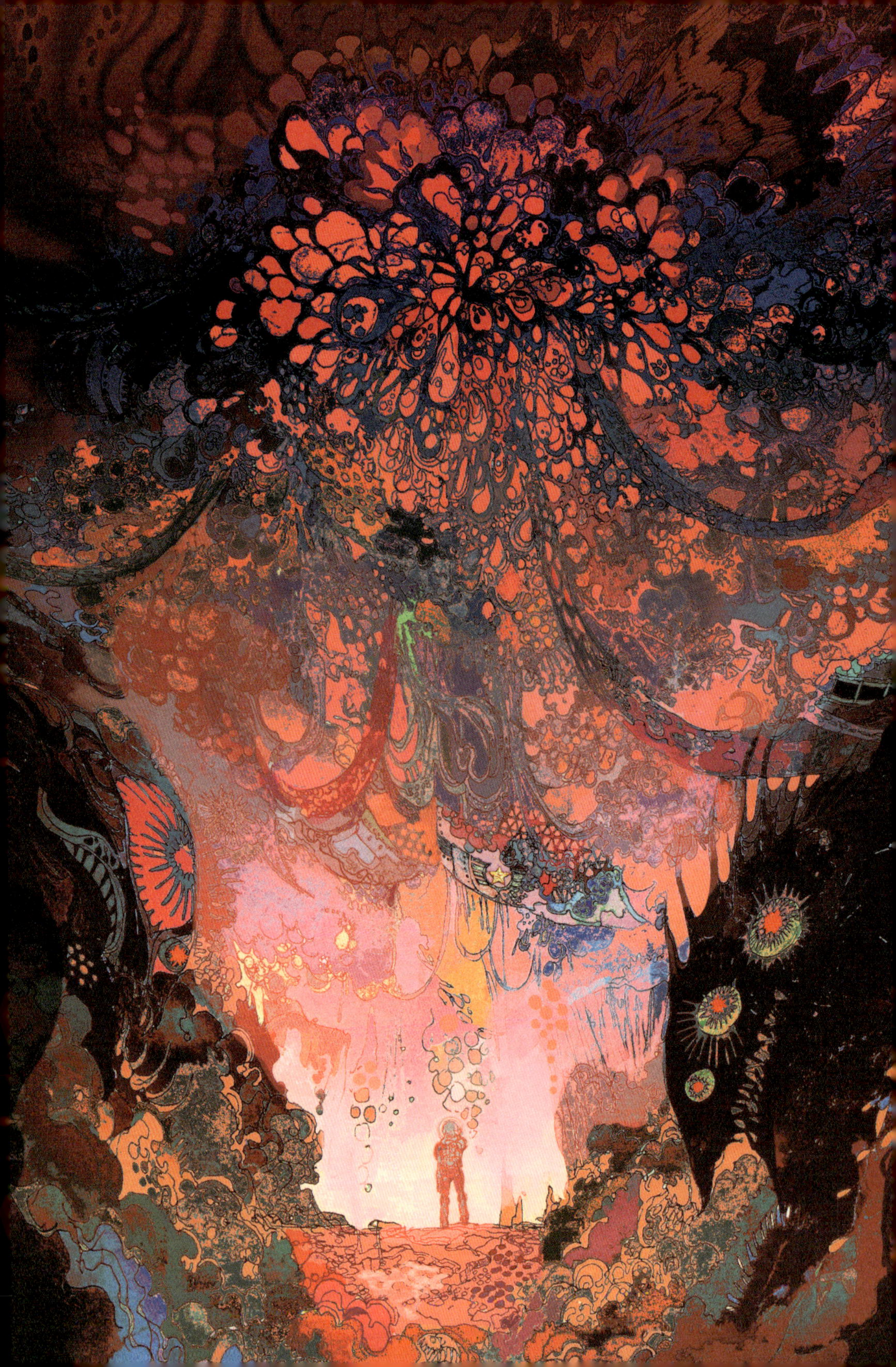

探索者はレーダーを頼りに、この星で最も菌濃度が高く危険な場所へと到達した。
そこはまるでこの星に巣くう腫瘍のようにも見える。
星を覆い尽くしているすべての菌は、ここから拡散していったのだ。
常人ならばこの場の異常さに平常心を保てず、気が狂うだろう。
異様な光景が広がる景色の中心には、見慣れた文明の飛行物体の残骸があった。

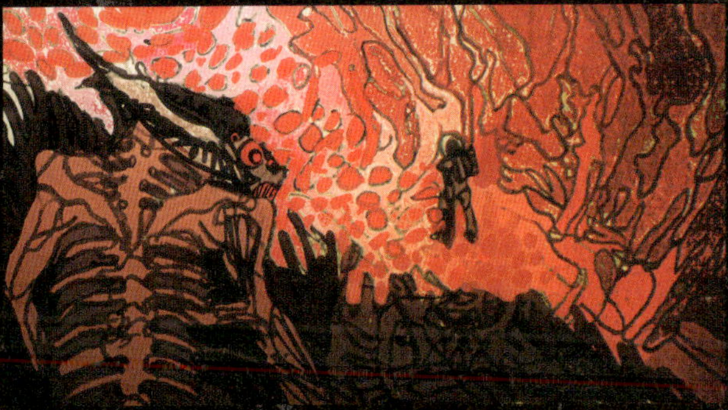

「あれが見えるかい」
「！　あれは……地球製のシャトルの……！　なぜこんなところに」
「実はここに来る前、この星——上層部が管理している——に関する資料を少し覗かせてもらったんだ。過去に“サンプル”を積んで同盟の星の研究施設に送った探査機が、なんらかの理由でここに不時着している」
「まさかそれが漏れ出してこんなことに……？　じゃあこの星は人類のせいでこんなことになっちまってるってことなのか」
「原因についてもゆっくり調べたいところだけど、辿り着くのに結構時間がかかったせいか、防護服がそろそろ限界みたいだ。それに——」

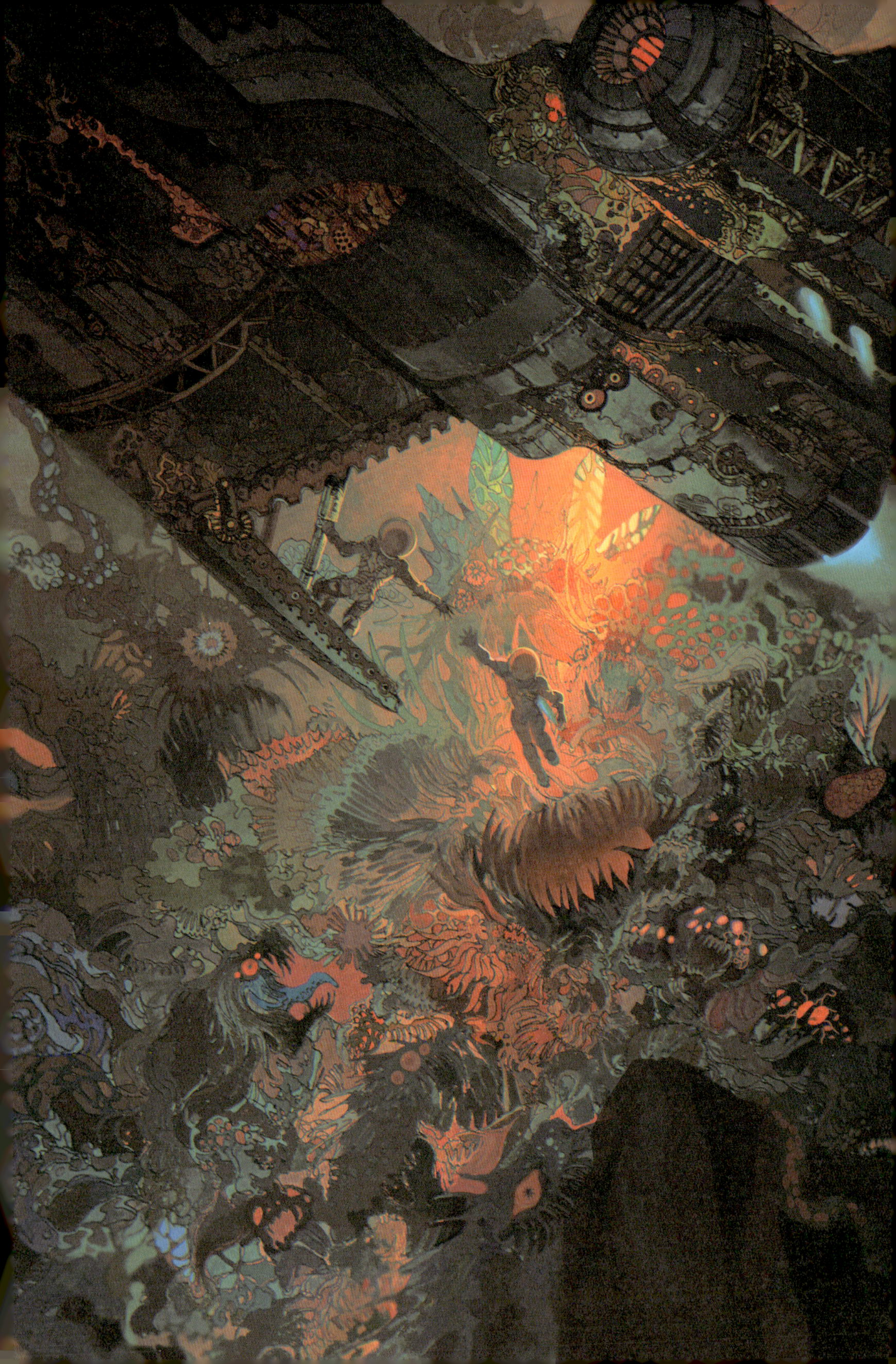

探索者は気配を感じていた。
「それら」は探索者の隙を窺い、容赦なく襲いかかる。
壊れかけの防護服で、残されたわずかな時間の中で応戦するのは自殺行為に等しい。
探索者は、防護服に残されたすべてのエネルギーを駆使して「それら」の猛攻を退ける。
進んできた道に残した目印を頼りに、地上を目指した。

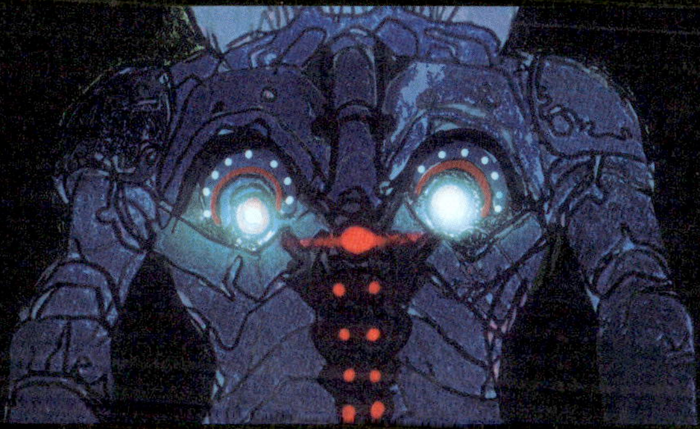

「――――残り800m！　30秒後にそっちに着くから今すぐシップを飛ばせるようにしてほしい！」
「もうやってる！　けど、こちらに向かってくる敵の数が多すぎやしないか!?」
「確実に私を仕留めようと仲間を呼んだんだろう！　彼らにとって私は侵入者だからな」
「離脱準備完了した！」
「了解！　――――スピードが足りない……！　これではすぐに追いつかれる……
――――すまない！　私のことは置いていけ！　サンプルカプセルはマーカーを入力し宇宙空間へ射出するから帰還時に回収してほしい！」
「いいや、まだ間に合う！　今シップをそっちに飛ばす！」
「掴まれ!!」

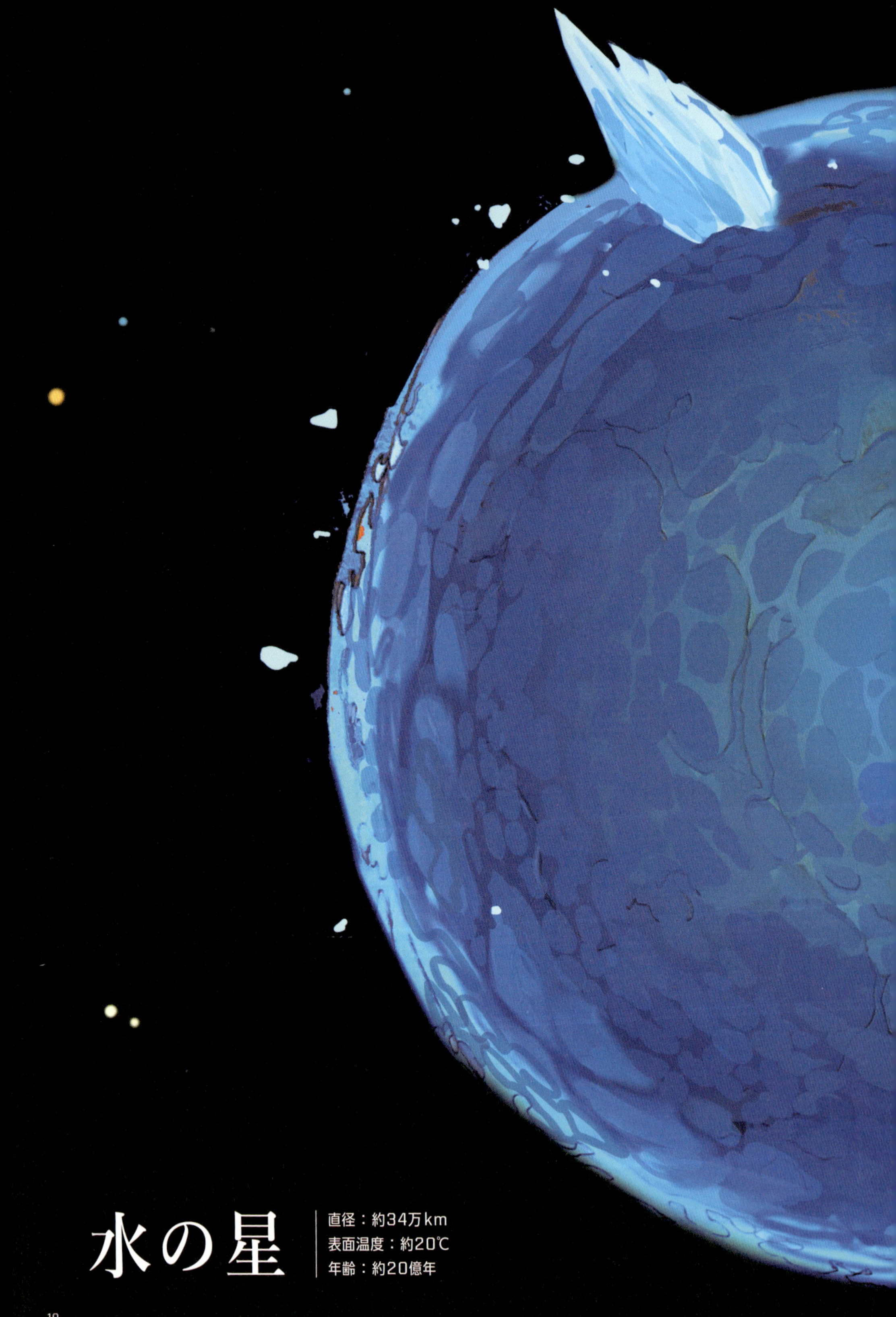

水の星

直径：約34万km
表面温度：約20℃
年齢：約20億年

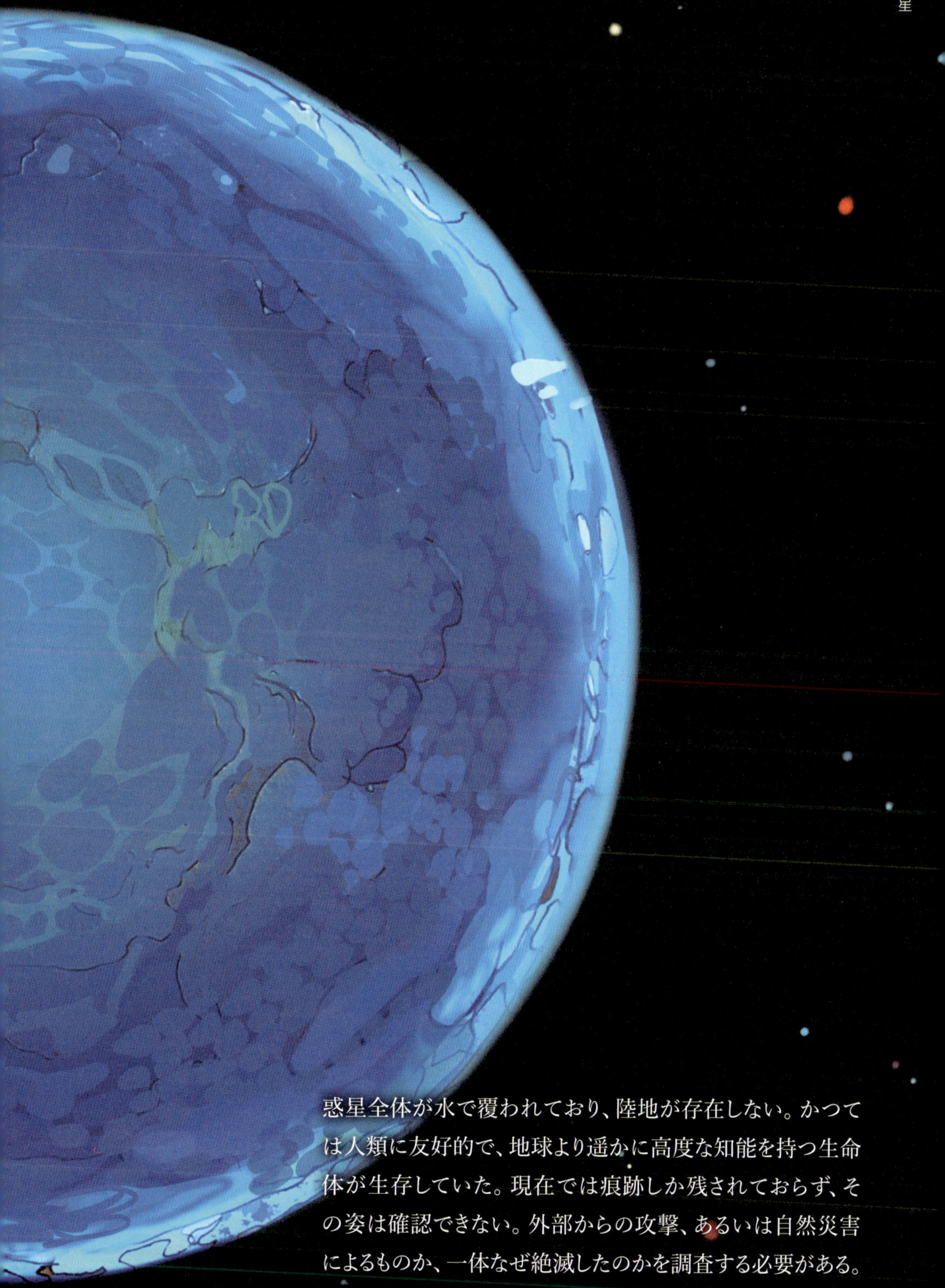

惑星全体が水で覆われており、陸地が存在しない。かつては人類に友好的で、地球より遥かに高度な知能を持つ生命体が生存していた。現在では痕跡しか残されておらず、その姿は確認できない。外部からの攻撃、あるいは自然災害によるものか、一体なぜ絶滅したのかを調査する必要がある。

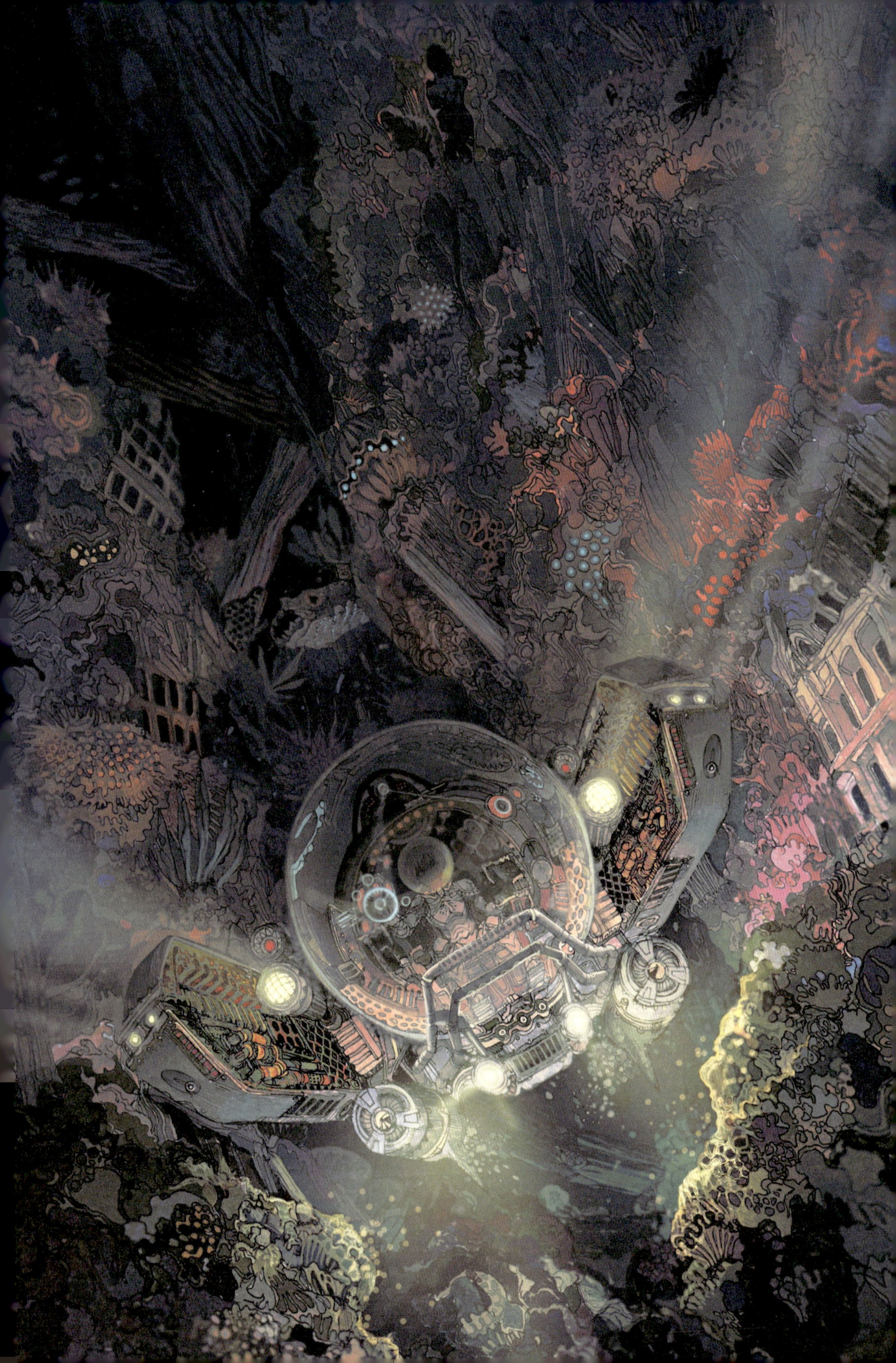

表面の100%が水に覆われた惑星。
かつては氷の大地に覆われ、地底には高度な文明を築き上げた生命体が存在した惑星だった。
報告では「すべてが一夜にして水底に沈んだ」とされている。
現在、陸地は確認されていないようだ。

探索者たちの任務は、星の地表を沈めるほどの水がどのように発生したのか、その原因を探ること。

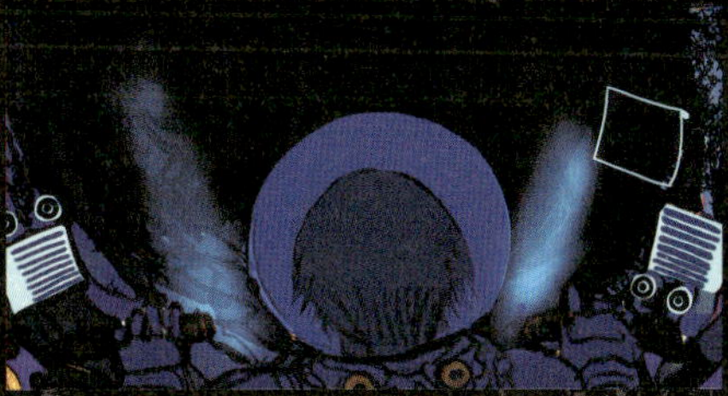

惑星到着時、水底から機械による信号を傍受した。
シップに装備されている潜水ユニットを使用し、直ちに調査を開始する。

「かなりの水深まで潜ったけど、信号の発信源に辿り着くにはまだかかりそう」
「周囲の様子は」
「不自然な建造物があちこちに見えている」
「建造物？　変だな。彼らの都市はもっと深層領域にあるはずだ」
「ここまで下りる前、沈水した大地の表面になんらかの衝撃が走った痕跡を確認した。なにか強烈な衝撃によって破壊されたようにも見える」
「……把握した。引き続き潜水調査を頼む。任務が続行不可能と感じた場合はすぐに引き返すんだ」
「了解」

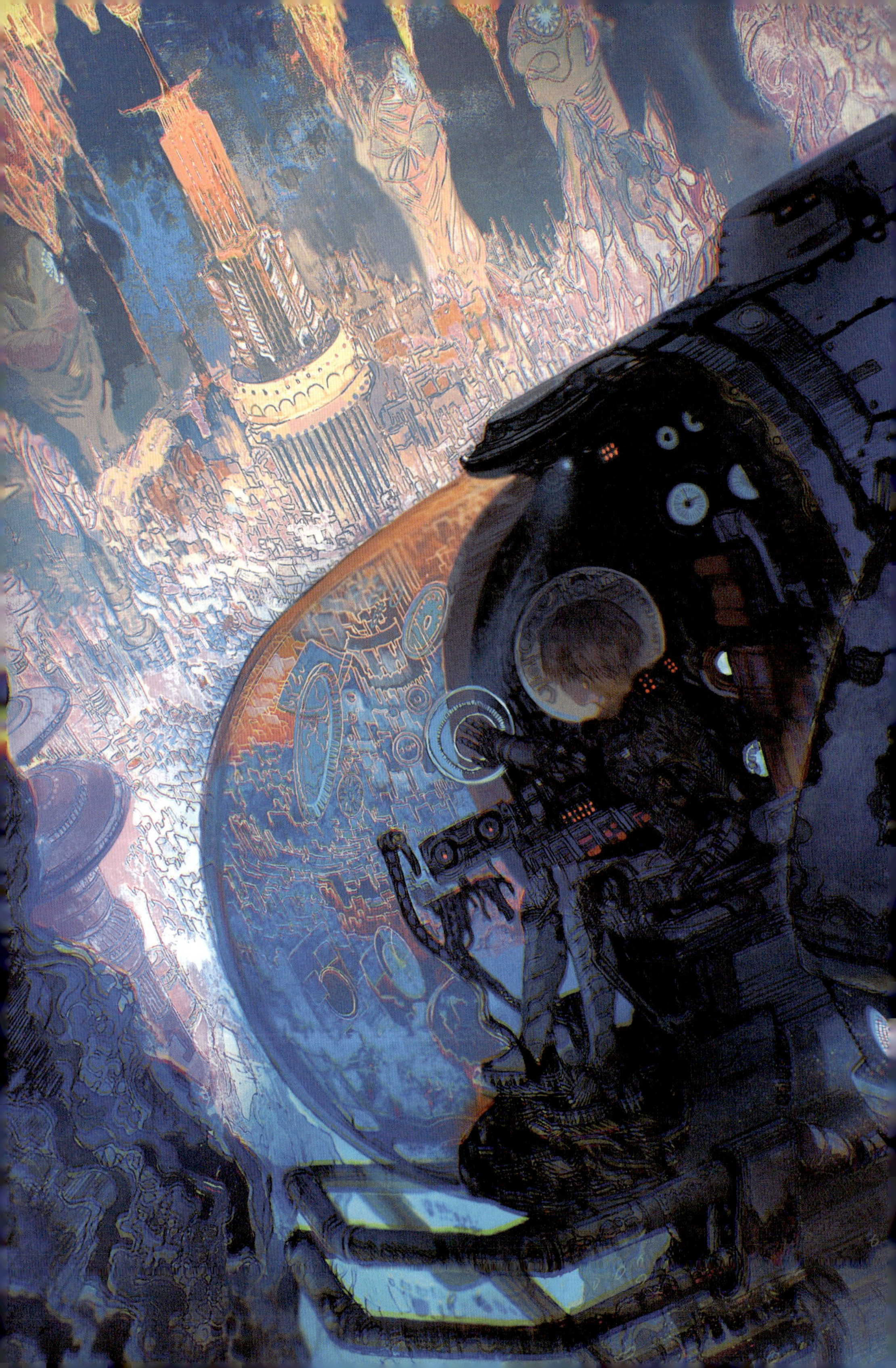

長時間の潜水を経て辿り着いた先には、廃墟と化した地底都市の姿があった。
かつて地底にあったはずの都市は現在、水底まで沈み、果てしなく広がっている。
街はまるで今でも生きているかのように眩しく輝き続けており、その景色は圧巻だった。
しかし、どこか寂しさのようなものも感じさせた。

探索者は手がかりを求め、都市の中心部から発信されている信号源を探し始めた。

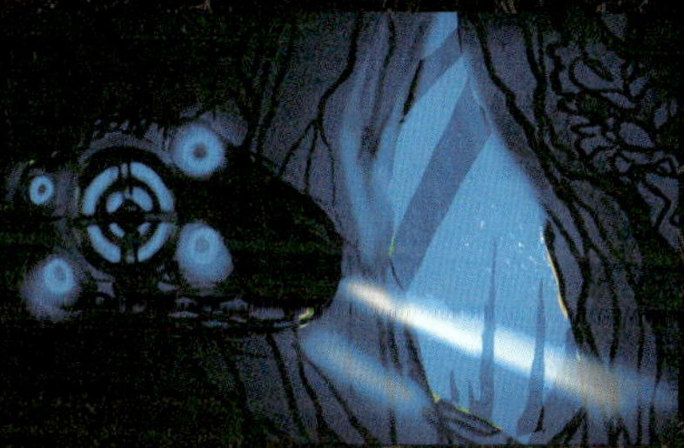

「報告――現在船体の状況に問題無し。無事、目的地付近に到着した」
「ああ、こちらにも見えている。まるで都市が生きたまま人類だけがいなくなったようだ」
「これだけの文明をもってしても滅んでしまったなんて――。……！　待って。
発信されていた信号のデータ形式が解析できた。これは、ビデオメッセージ？」
「開きそうか」
「所々見たことのない数式で暗号化されていて読み取れない。発信されたデータはあくまでも信号みたい。内容を確かめるには信号源のデバイスを回収しないと」
「直接取りに来いってことか」
「私たちがキャッチした信号の発信源は、この星に近づき始めた時に起動した。まるで誰かが見つけるのを待っていたみたいに……」

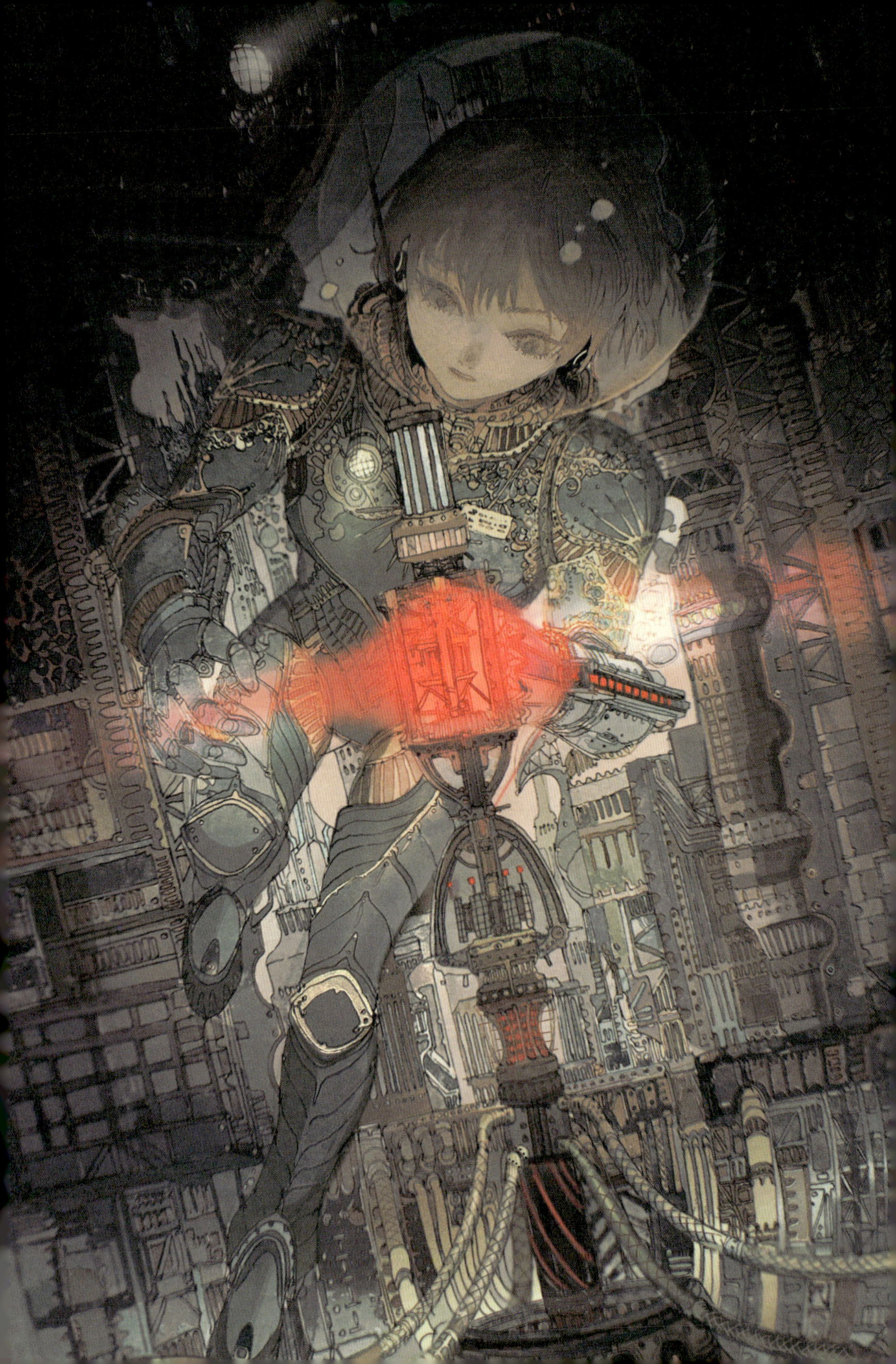

さらに都市の深層に潜った探索者は、ついに中心部の信号源へと辿り着いた――。

「―― 信号源を見つけた」

「そこはこの星のあらゆる防衛システムを管理している場所だ。ほとんど機能はしていない。その信号を外に発信し続けるプログラムを最後に、今は停止しているようだ。準備でき次第、作業を始めてくれ」

「了解。ではファイルを解析する」

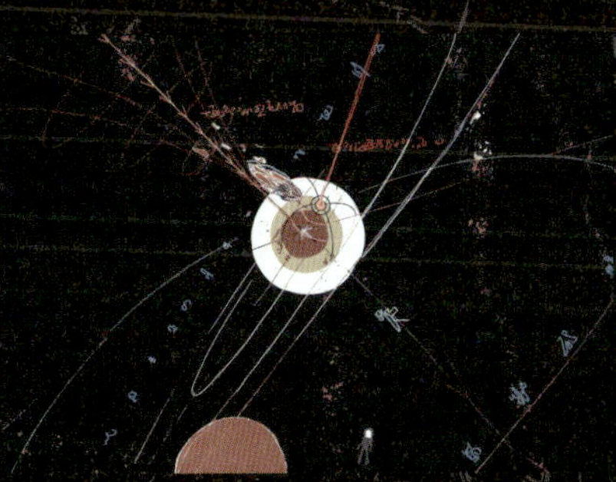

「……ホログラム映像か。周りの宇宙空間が映し出されているな」

「データはどうやらこれだけ。最後の日に観測した、周囲の空間映像みたい」

「これは……なんだ？　―― 隕石か？」

「強力な熱エネルギーを持った巨大隕石……。こいつが衝突して表面の氷を溶かし、惑星全体が水に覆われたみたいだ」

「……こんなサイズの隕石が衝突したら、生命が存在する星は大抵もたない」

「私も今までいろんなものを見てきたが、このサイズのものには遭遇したことがない。しかもこいつはこの星の防衛システムに引っかからず、突然現れたようにも見える。隕石がやってきたルートを算出し、そこに向かう」

「おい、待て。それは任務に含まれていない。今回の任務は、この水の発生原因を調査することだ。任務外のことをするべきではない」

「君は気にならない？　こいつがどこから来ているのか。それに、発見したものがこれから人類の役に立つかもしれない」

「あんたは自分の探究心を満たしたいだけだろ」

「…………」

「…………今からログをオフにする。ここから先の記録は上層部に報告しない。ただし猶予は3日。それ以上は認めない」

「そうこなくちゃ」

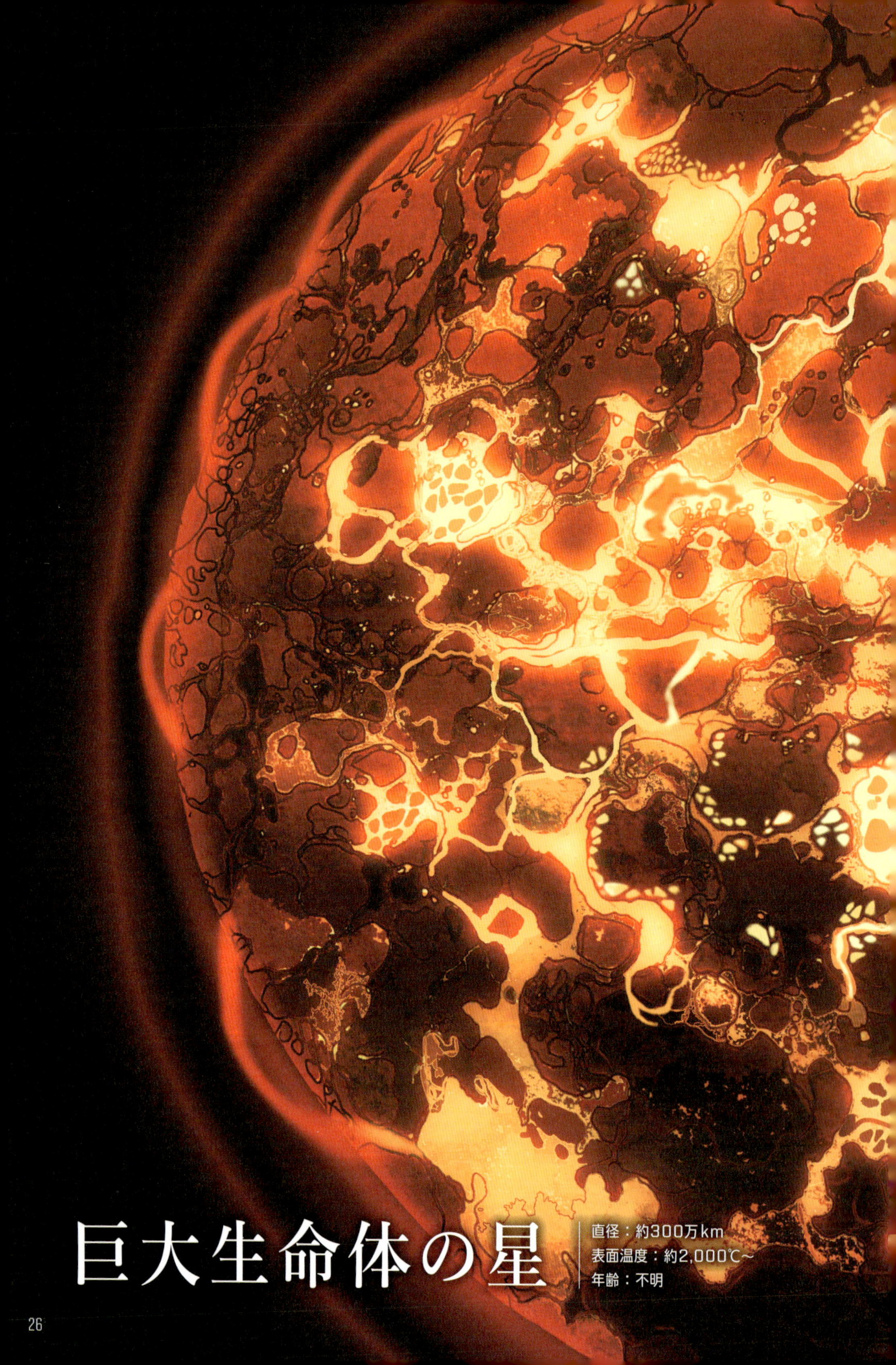

巨大生命体の星

直径：約300万km
表面温度：約2,000℃~
年齢：不明

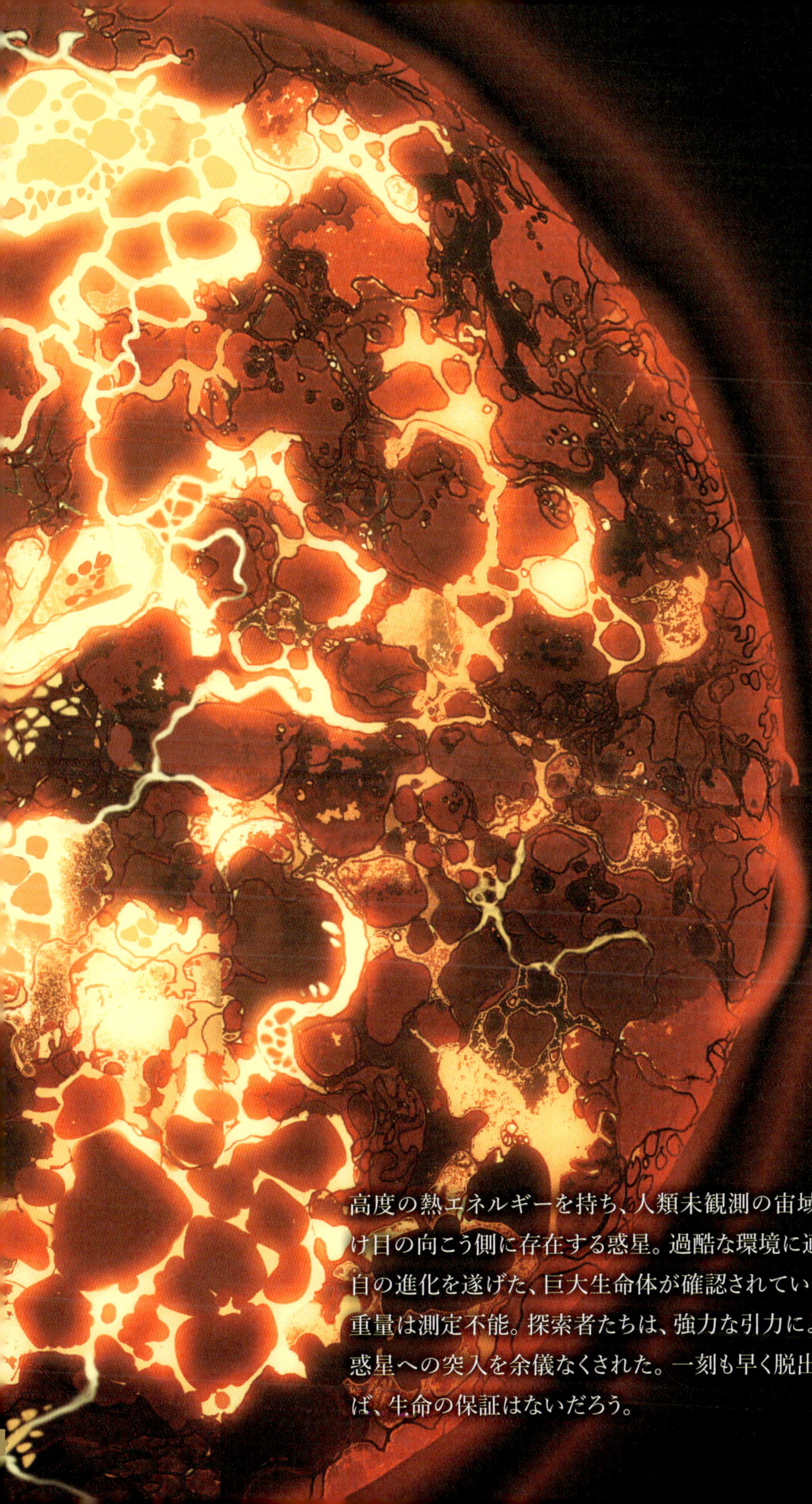

高度の熱エネルギーを持ち、人類未観測の宙域かつ、裂け目の向こう側に存在する惑星。過酷な環境に適応し、独自の進化を遂げた、巨大生命体が確認されている。質量・重量は測定不能。探索者たちは、強力な引力によってこの惑星への突入を余儀なくされた。一刻も早く脱出しなければ、生命の保証はないだろう。

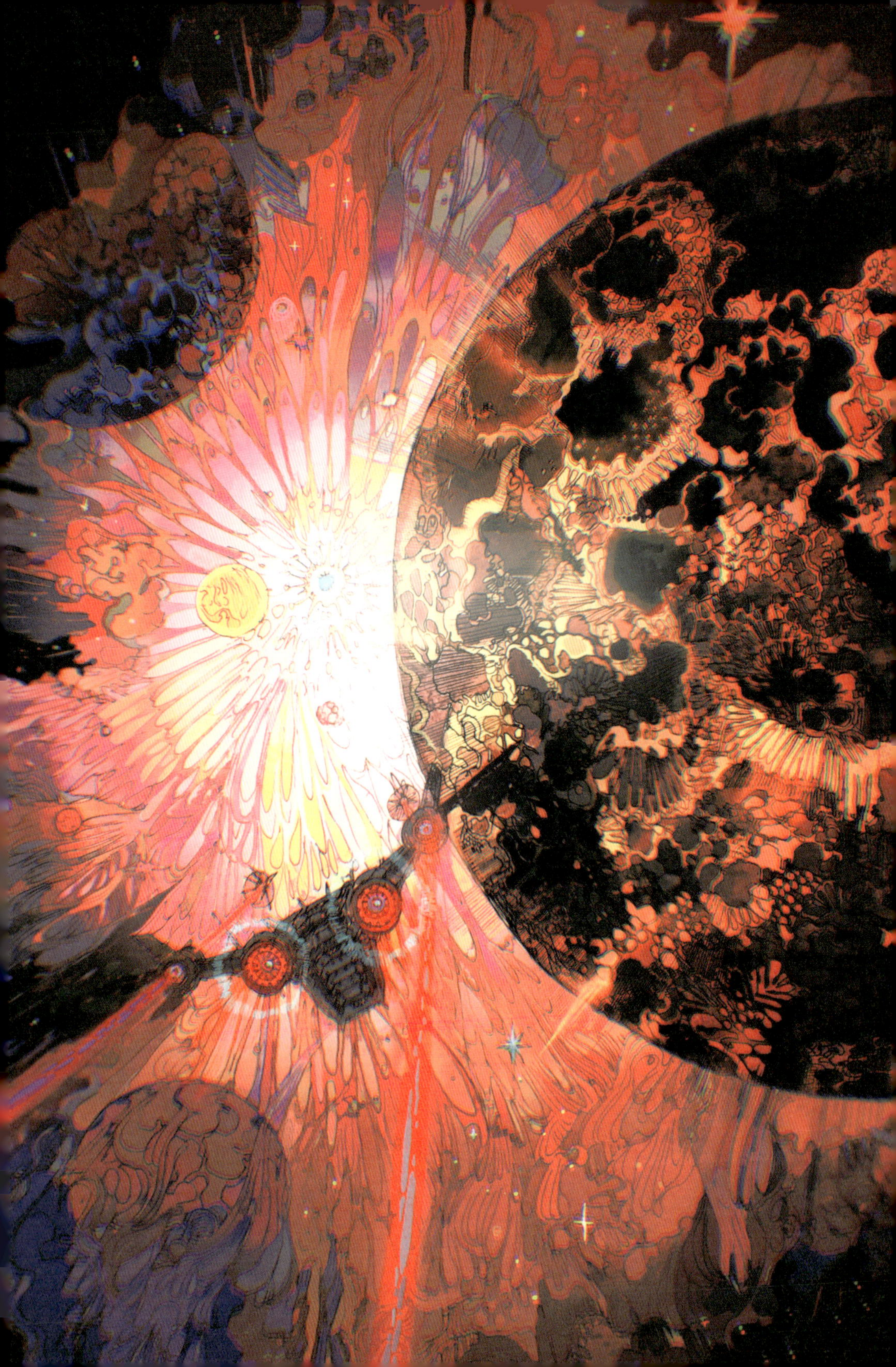

星を滅ぼした隕石の出所を突き止めるべく、探索者たちは痕跡を頼りに行方を追う。
辿り着いたその場所には、未だかつて観測したことのない――別の宇宙が広がっていた。

「空間に裂け目が……。どうなっている?」
「――観測中だけど、どうやら宇宙空間に漂う物質がこちら側のものとは異なる。ここから先は我々の常識が通用しない宇宙ってことだ」
「まったく実感できないな……。恐らくあの隕石もここからやってきたものだろう。それにしても、ここら一帯で計測できる熱エネルギーは膨大だ。これ以上進んだら機体がもたない。空間に座標を設定して一度引き返そう。今のままじゃ準備不足だ」
「今度来た時にこの裂け目が開いている保証はないよ。私は戻らない。それに、さっきからあの馬鹿でかい星の引力に機体が引きずり込まれそうになってる。引き返そうにも引き返せない」
「……どうやら、そうみたいだな。機内の供給エネルギーをすべてエンジンに集中。逆噴射させて脱出できるか試してみる。3――2――1――――、点火」
「…………?　どうした。操作に不具合でも?」

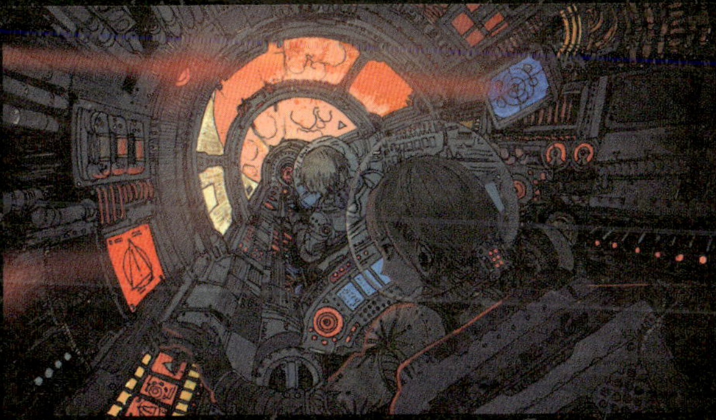

「……いや、実行しているがビクともしない」
「――仕方ない。ここで無駄に燃料を使い切るよりも、あの惑星に一度着陸してから脱出を試みたほうが良さそうだ」
「了解。これより進路を変更し、惑星の大気圏へ突入する」

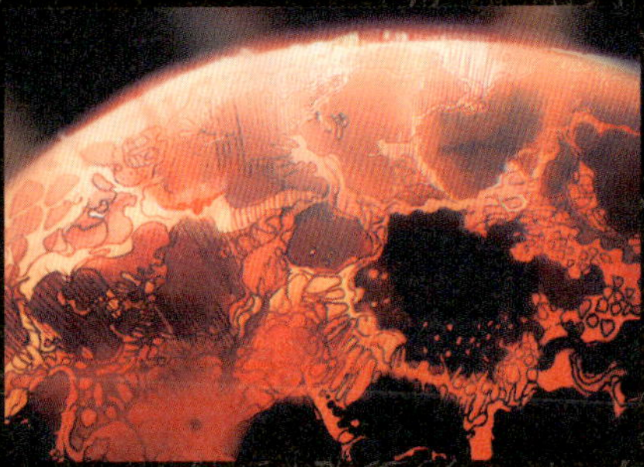

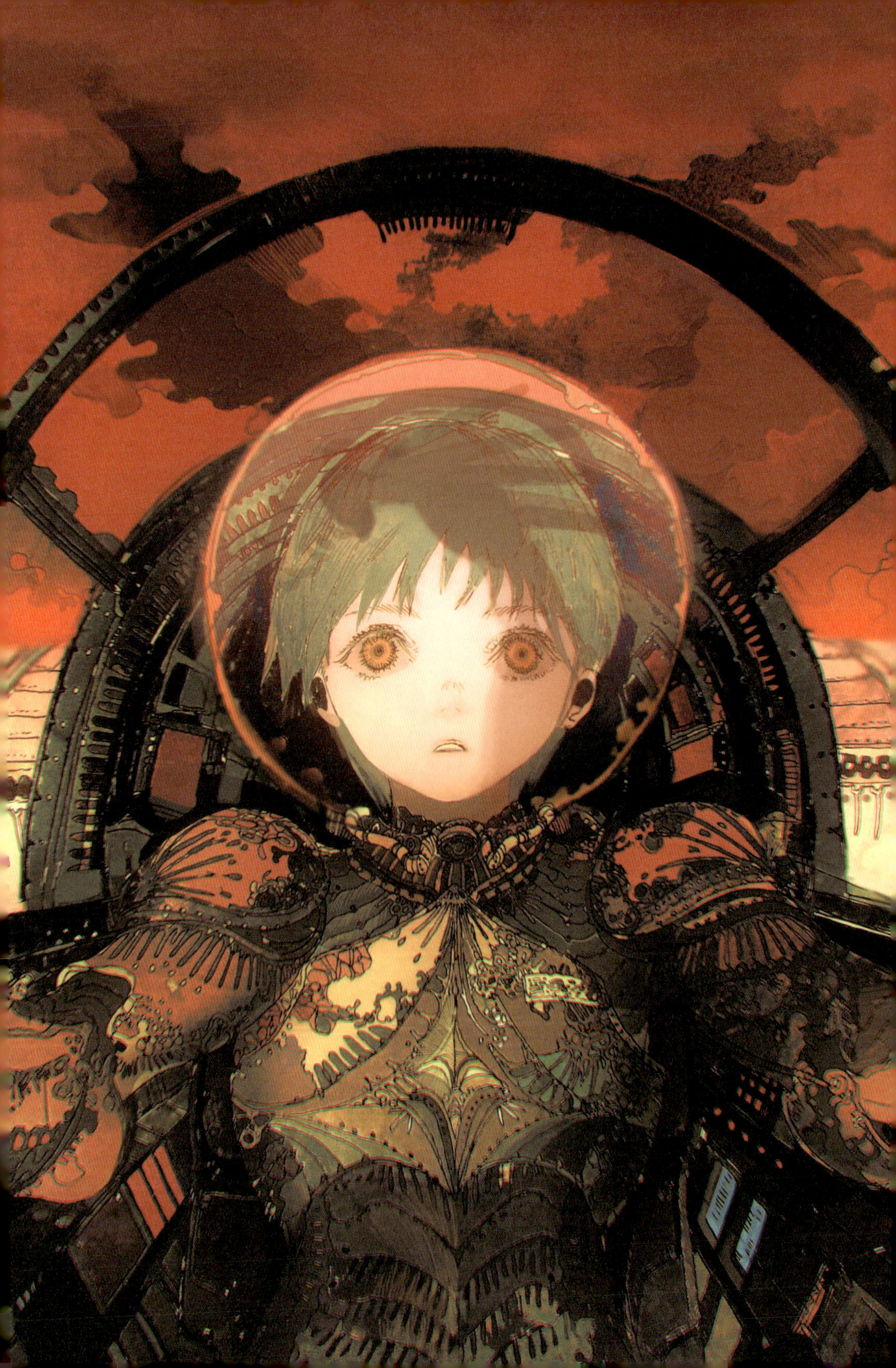

凄まじい引力によって、巨大惑星への突入を余儀なくされた探索者たち。果たして、行動可能エリアは残されているのだろうか。惑星の捜索を開始する。

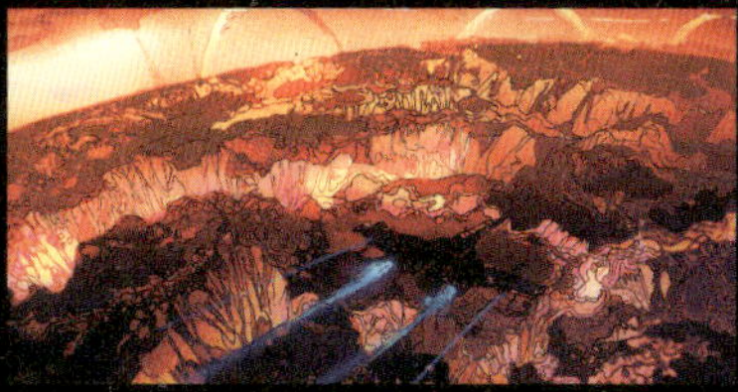

「割れ目から、高濃度の熱エネルギーが観測できる。表面温度は……おおよそ2,000℃。この中でも我々が活動できることを考えると、上から支給された防護服は相当優秀だな」
「私のはカスタムを施しているから、君たちのよりもっと優れてる」
「政府から支給された装備に、勝手に手を加えるのは規定違反だ。それに、あんたの防護服は……闇市で流通しているパーツを取り付けているだろ。一体いくつ違反を重ねれば気が済むんだ？」
「すぐに弁解したいところだけど、さっきからレーダーがずっとなにかを感知している」
「――これはこの星の地脈で移動している熱源だな。…………、こっちにどんどん近づいている？」

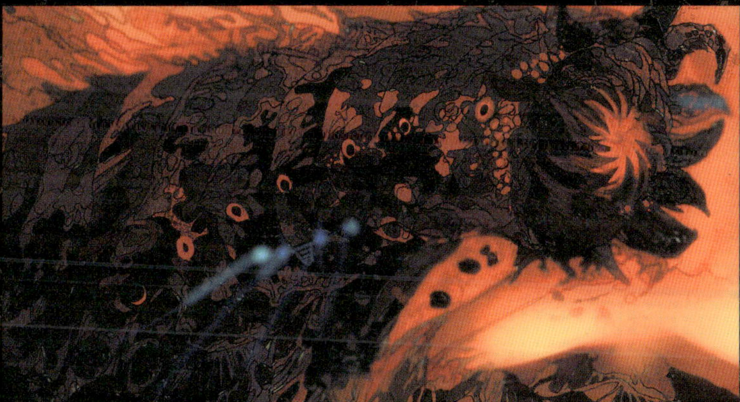

「生物だと……？　こんな巨大な生命体が存在するとは……」
「感心しているところすまないが、エンジンの出力上限の解除を頼む!!　このままじゃぶつかる!!」

「……なんとか逃げ切れた……。デカい虫に食われるのだけは勘弁だな」
「………………」
「……？　どうかしたのか」
「…………、あれを――」

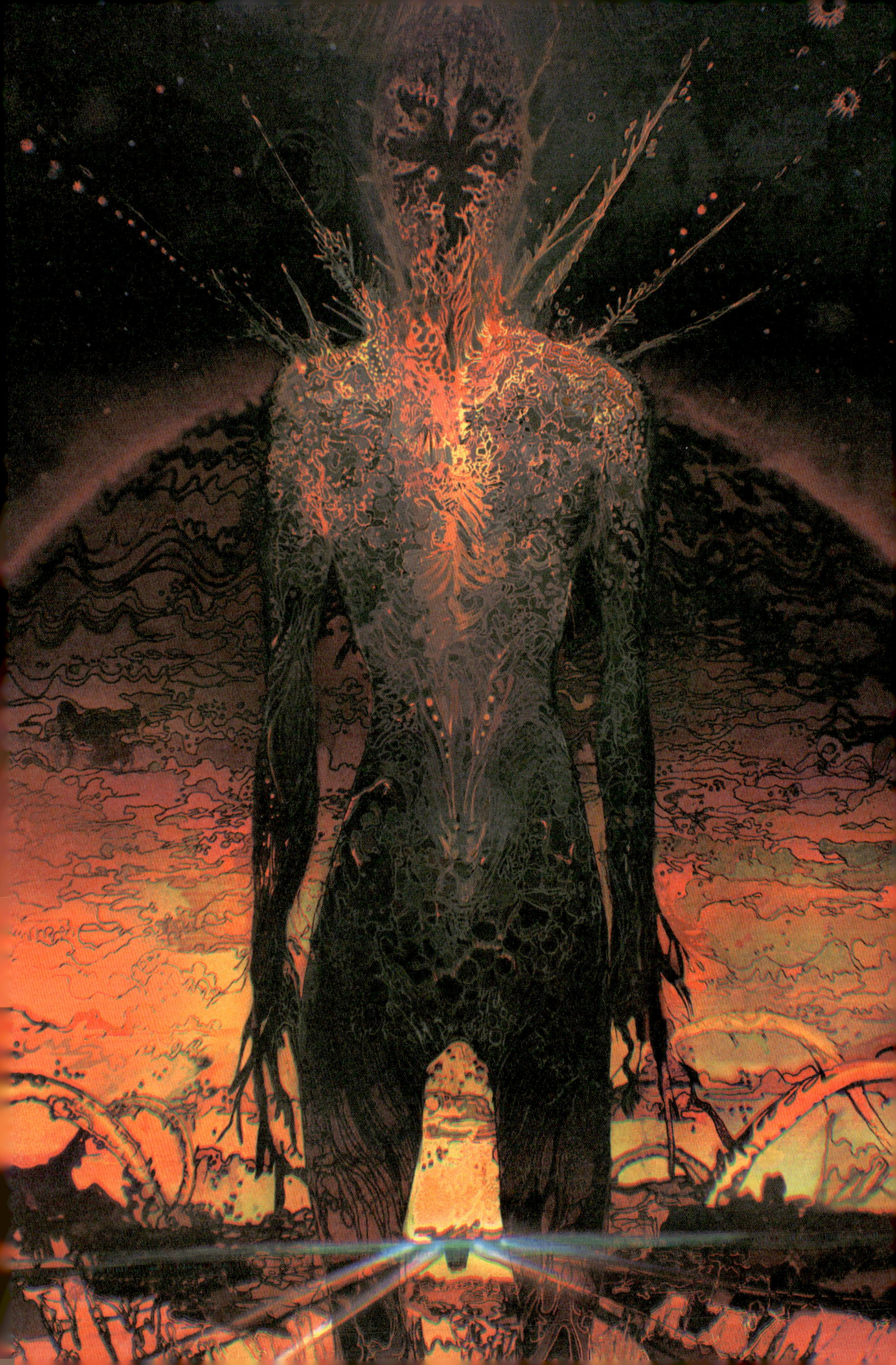

探索者たちの目の前に姿を現した「巨大生命体」は、言葉では形容しがたい姿形をしていた。
あまりにも壮観なその姿は、見上げることでようやく形が確認できた。
人型のそれは、眼球らしき部位を探索者たちに向ける。

「おいおい、なんなんだよあれは……冗談だろ……」
「落ち着いて。今はあれから早く距離を取ろう。燃料消費が脱出に必須な量を上回らないよう、飛行はスピードを制限する。…………あの巨大生命体、人型に極めて近い形をしていて興味深い……」
「よくそんな冷静でいられるな！　とにかく、もうこれ以上この惑星には留まれない。速やかにこの星から出て、宙域から脱出する」
「わかった。ひとつ、プランがあるんだ。これを見てくれ。まずシップの全装備を廃棄し極限まで軽量化する。そして両翼のエンジンパーツに、潜水ユニットと陸上走行ユニットのエンジンを結合。これでパワーが上昇した大型エンジンの完成さ。こいつを使って脱出しよう」

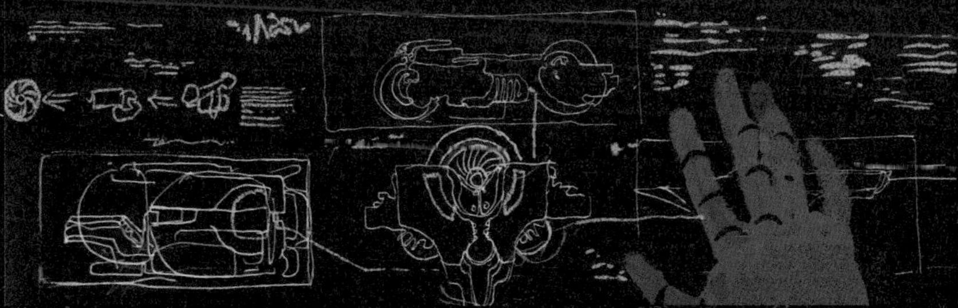

「―― この船にこんな大型エンジンが装備されていたというのか」
「そう。翼部分のエンジンはかなりの骨董品。惑星開拓時代に使用された母艦型エンジンの小型版さ。もらった時に分解してあちこちのエンジン補助パーツとして使ったけど……。でも元通りになったこいつの馬力は、元のシップの比じゃないよ。半端なエンジンが4つ付いたってこっちには敵わない。その代わり、燃料を相当消費するけどね」
「惑星開拓時代！？　いつの話してるんだ。そもそもなんであんたがそれを知っている。あの時代を生きてた奴はほとんど残っていないってのに」
「……それよりも、今は生き残ることが重要だよ。君は船の軽量化。私はエンジンの組み立て。時間がない。早く取り組もう」
「―― こちらはいつでも行ける」
「了解。では操作は頼んだよ。旧型のせいか、手動じゃないとあまり上手く作動しないんだ」
「では開始する。5秒前。3―― 2―― 1――――、点火！」

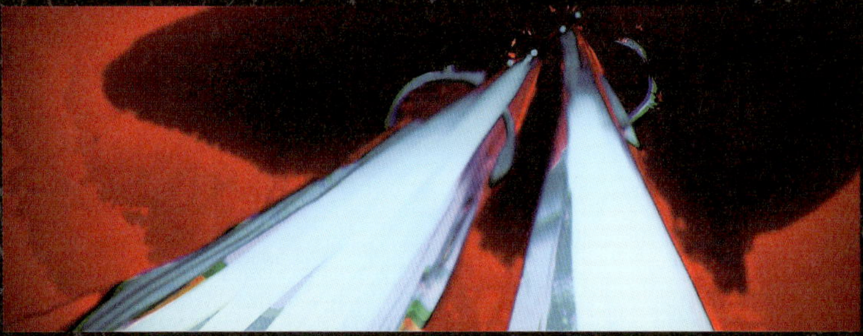

「なっ、んて力だ……！　操縦桿を上手く握れない……」
「今は耐えて……！　この星の重力層から抜ければ私たちは帰れる！」
「あああぁぁぁあ！　クッ！？　―――― 冗談だろ！　またお前かよ！」

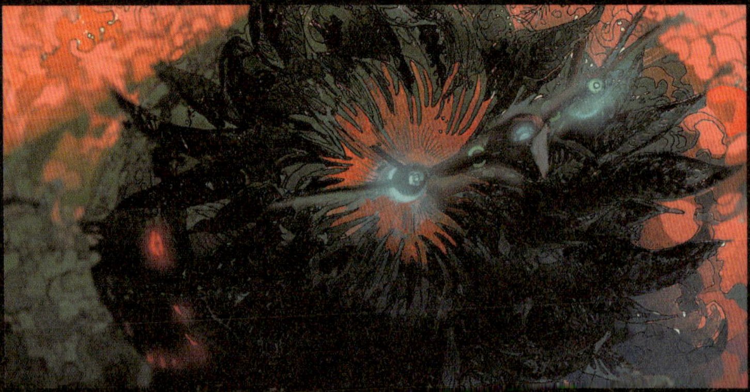

「避けて!! ルートを見失わないで!」
「わかってる……っ! おいまずいぞ……。燃料が底を突きそうだ! どうする……、このままじゃ算出したルートを辿れない」
「……しかたない。こいつをあまり使いたくはなかったけどね……!」

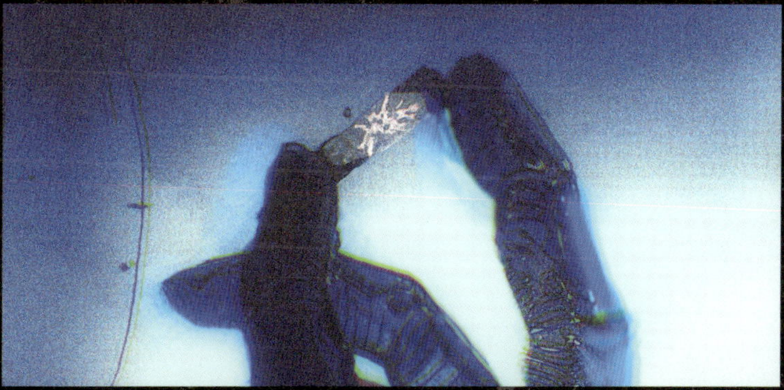

「——なんだそれは」
「細菌の惑星で採取した、爆速で自己複製する菌だよ」
「そんなものが一体なんの役に立つ!?」
「こいつの特徴は周囲の物質に合わせて、まったく同じ構造に変化し、増殖する。私が実験した限り、どんなものにでもだ!」
「……? じゃあ、それはつまり、燃料タンクに放り込んだら———」
「そう。私たちは無尽蔵の燃料を手に入れる」

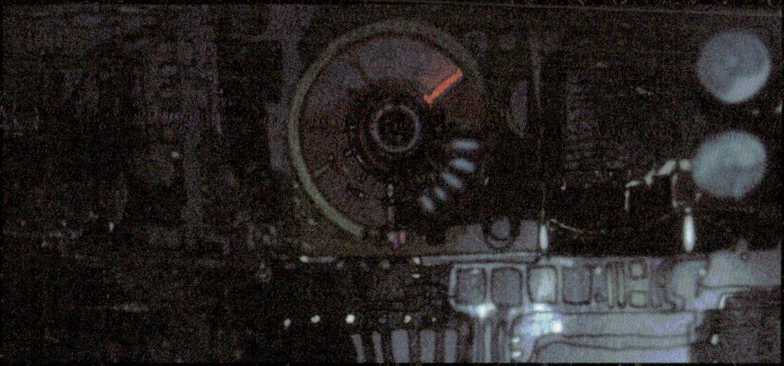

「燃料メーターが回復している……! まさかあの気色悪い星の菌に救われるなんてな……」
「ああ、宇宙まで一直線だ」

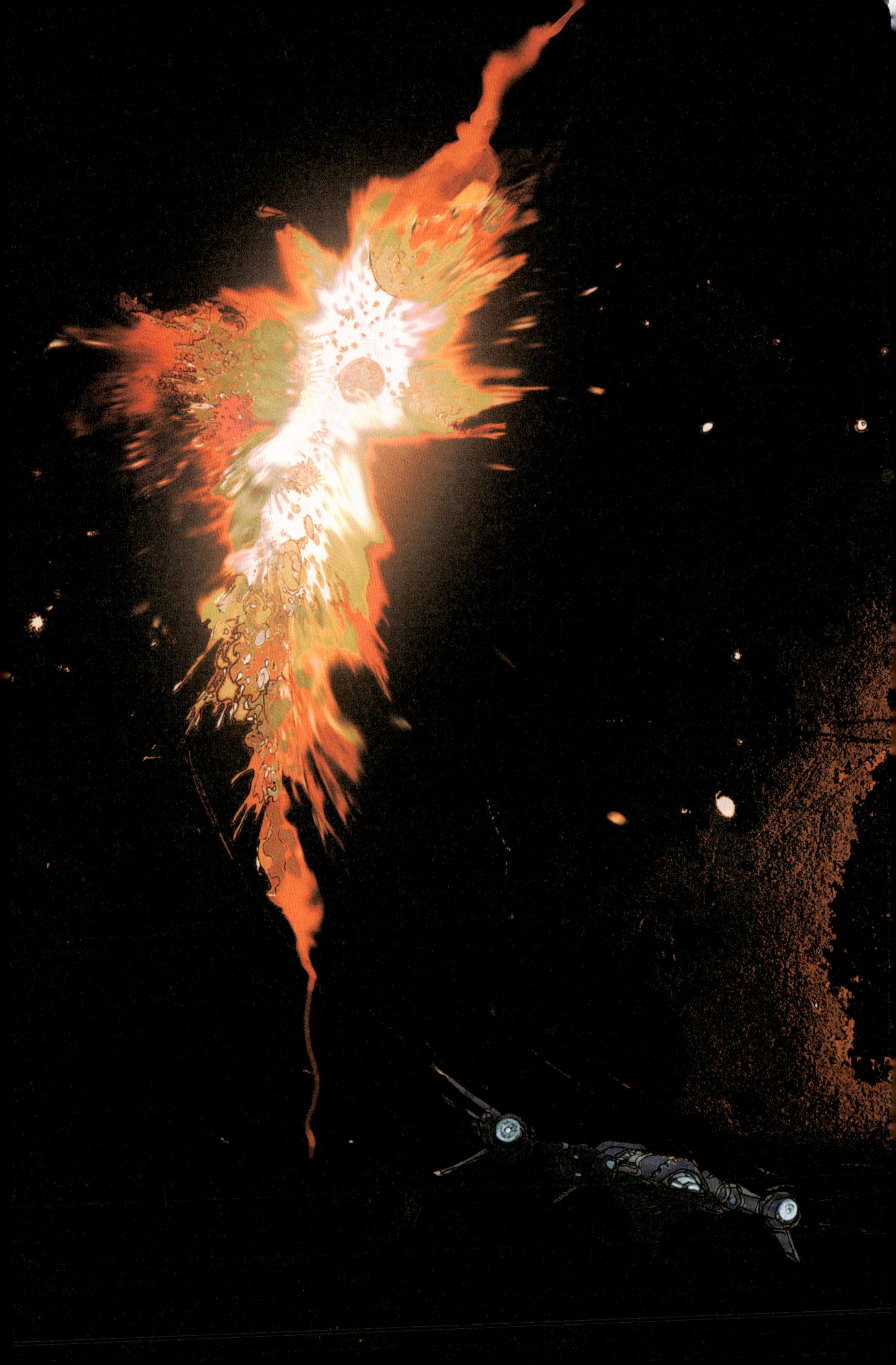

「裂け目が閉じていく……。なんだったんだ………あの宙域は。あの人型のような巨大生命体も……」
「私もまだまだ知りたいことはあったけど、今はお預けかな。とにかく救難信号を出そう。あのエンジンはもう菌に侵食されて使い物にならない」
「いいのか。かなり貴重なものだったのだろう」
「いいんだ。そろそろ休ませてあげないと」
「しっかし……こうまでして死にかけたのに、探査ログとして上に提出できないなんて。規則を破ったとはいえ、さすがに名残惜しい」
「おや。スリルが欲しければ、私と一緒に来るといい。飽きないと思うよ」
「……いや、それはそうなのだがあんたといると早死にしかねない」
「そんな！　頼むよ！　これまで組んでくれた者たちは皆私を避けたがるんだ！」
「あんたがいつも危ない目に遭わせようとするからだろうが！」
「いやいや、私にそんなつもりは——」

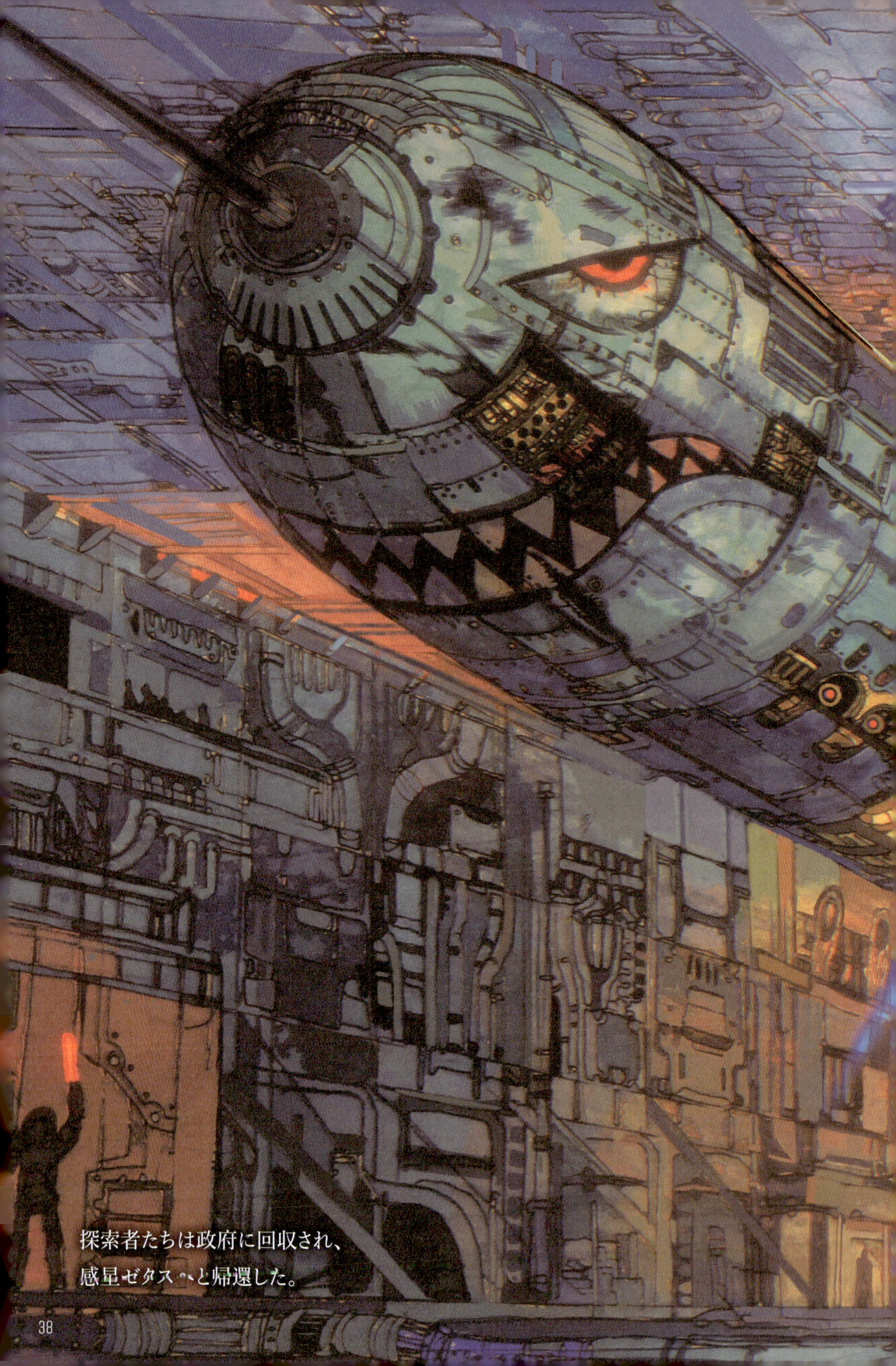

探索者たちは政府に回収され、
惑星ゼタスへと帰還した。

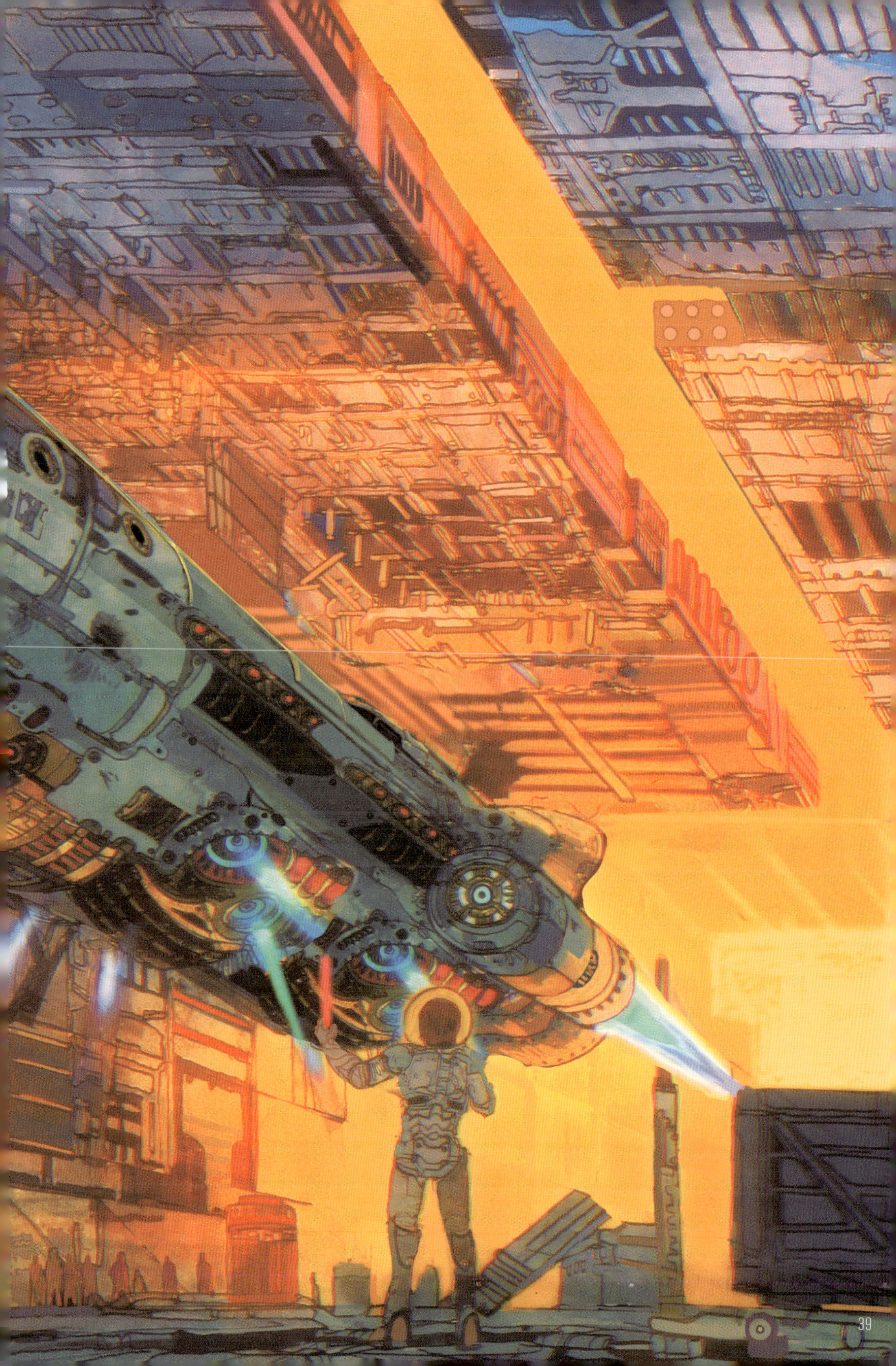

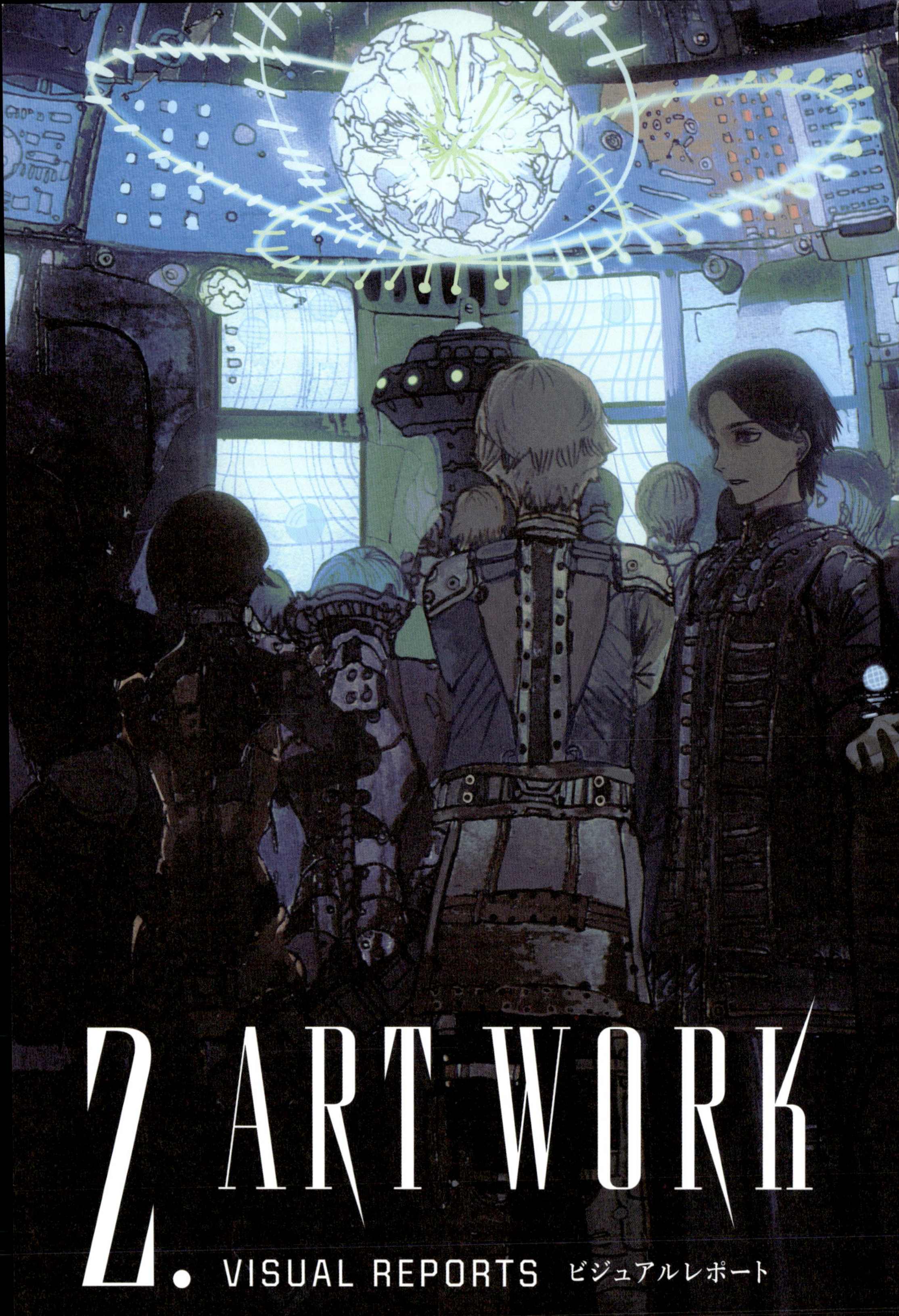

2. ART WORK

VISUAL REPORTS ビジュアルレポート

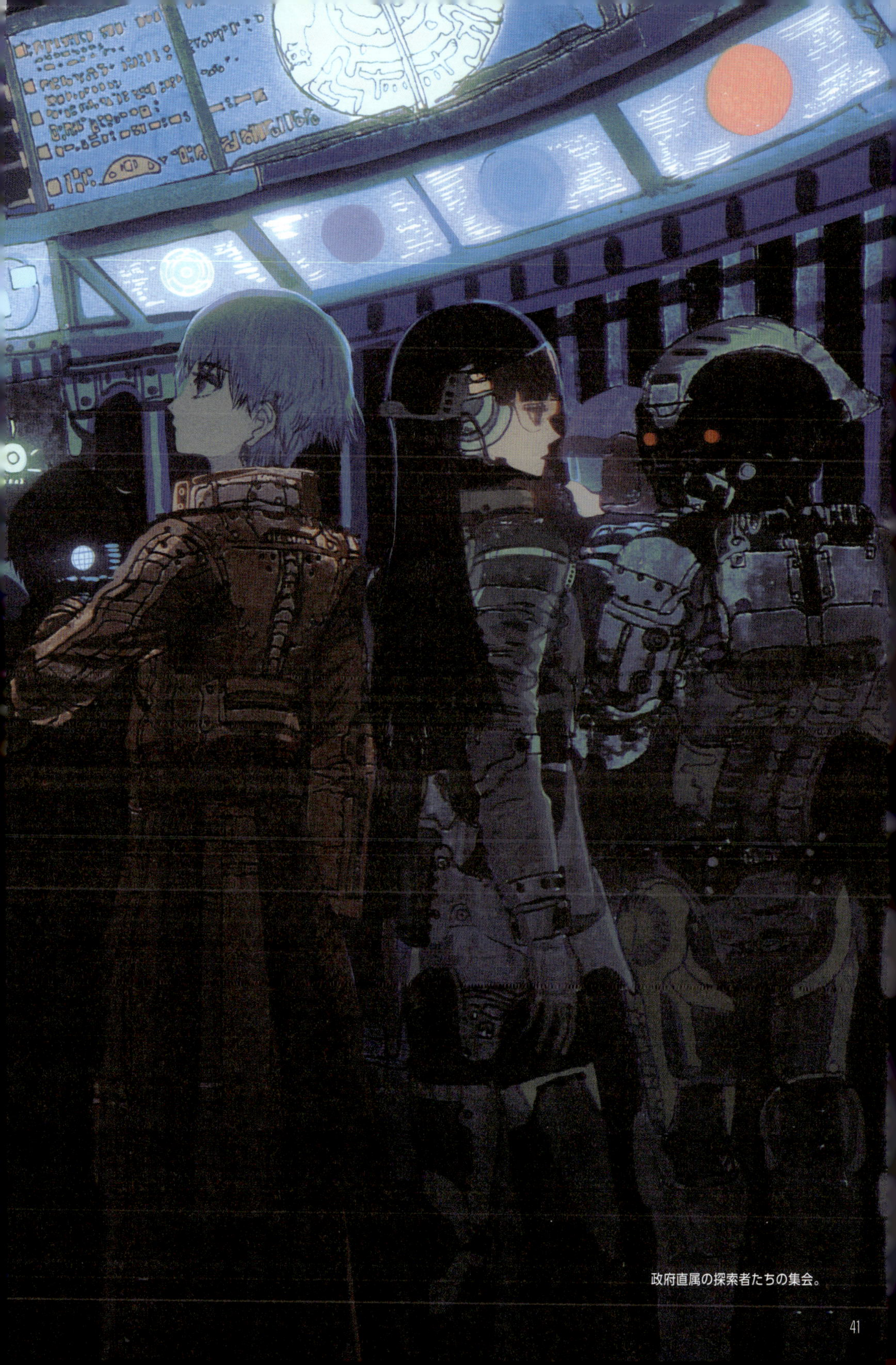

政府直属の探索者たちの集会。

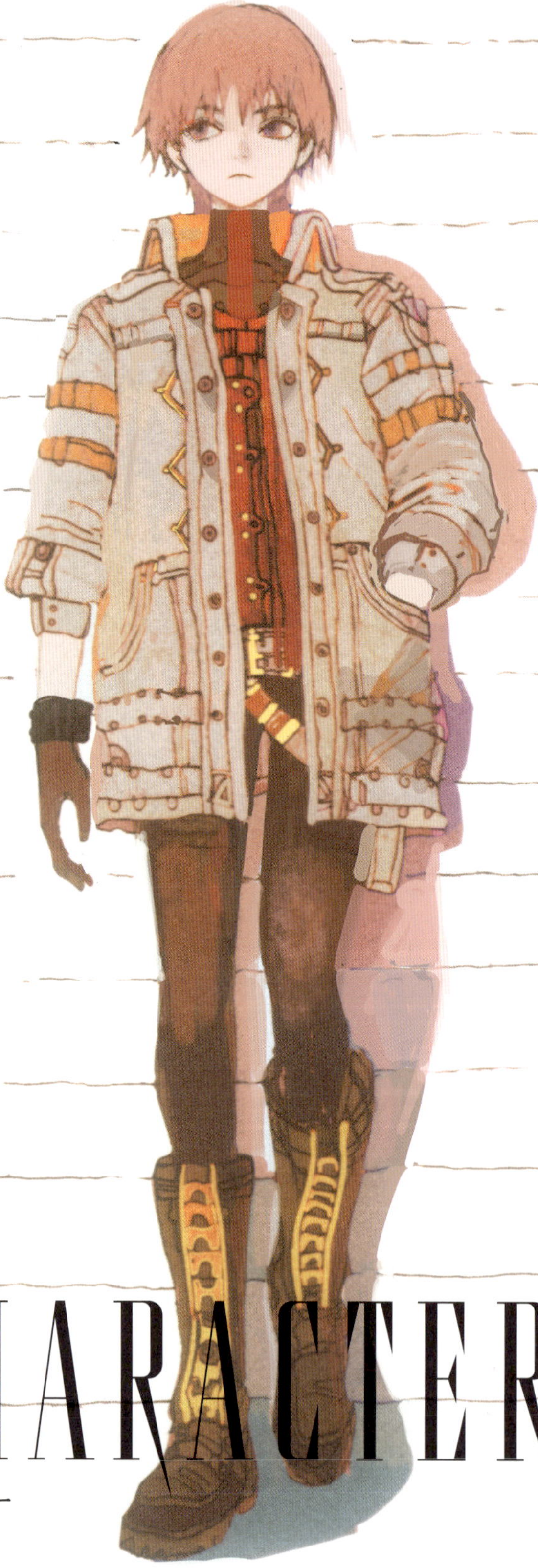

CHARACTER

キャラクター

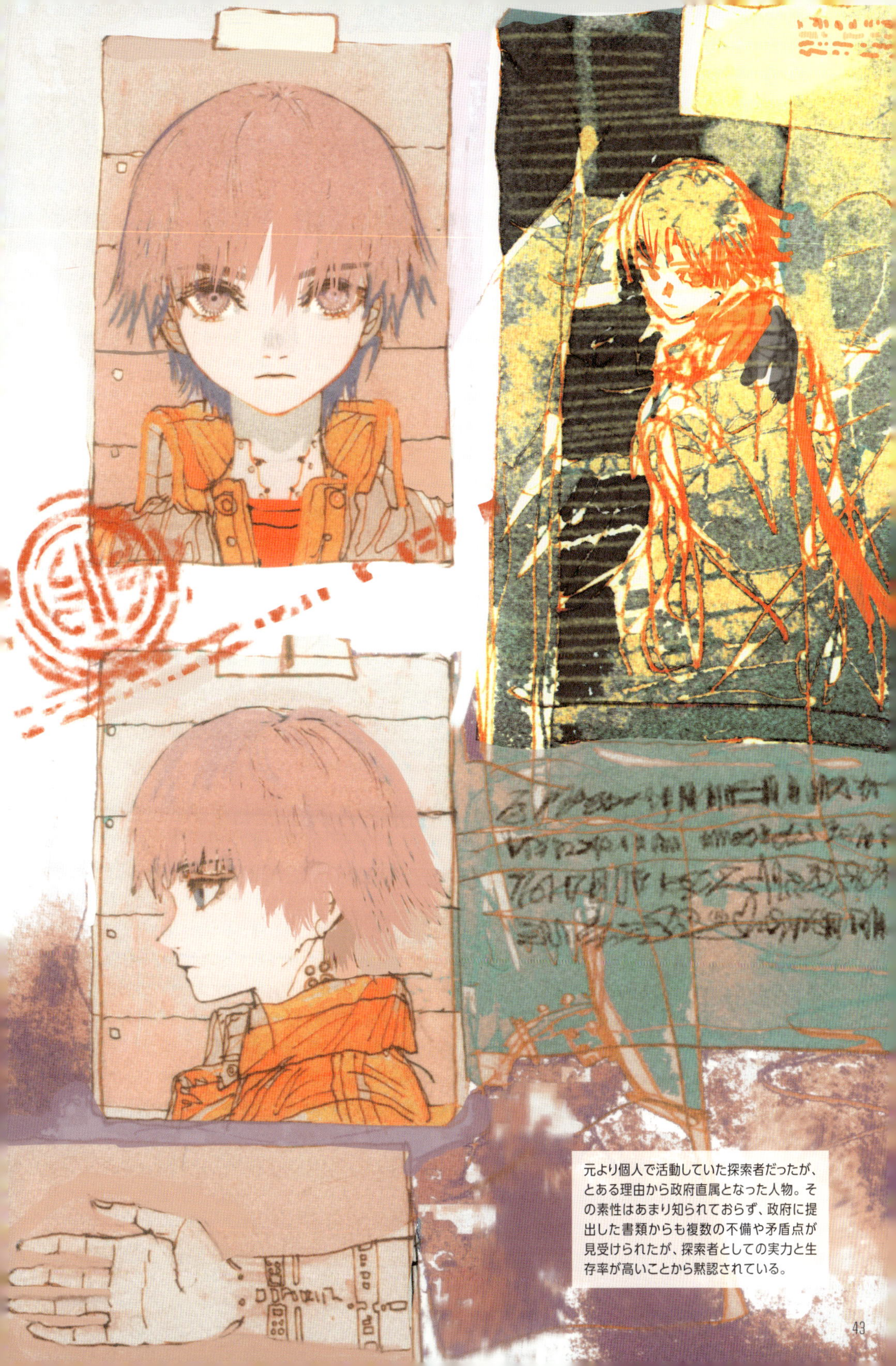

元より個人で活動していた探索者だったが、とある理由から政府直属となった人物。その素性はあまり知られておらず、政府に提出した書類からも複数の不備や矛盾点が見受けられたが、探索者としての実力と生存率が高いことから黙認されている。

SEEKER

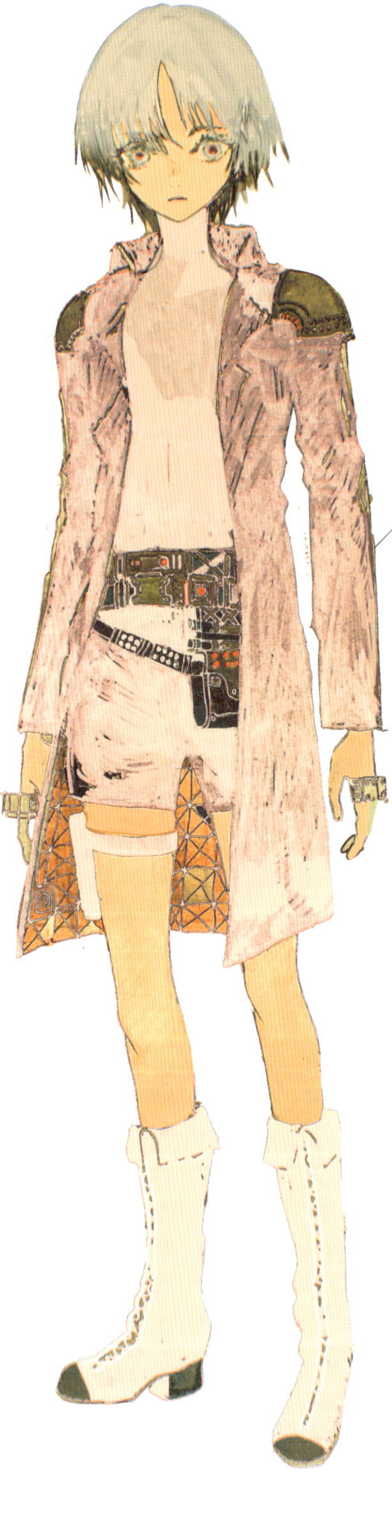

探索者〈現在〉

政府直属の組織に
身を置いている探索者。

探索任務以外の時間は
採取したサンプルの研究、
防護服の改造、強化等に
費やしている。
性別、年齢、共に不明。

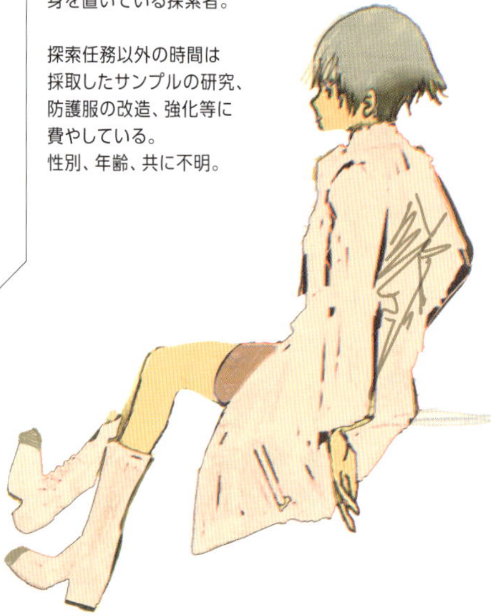

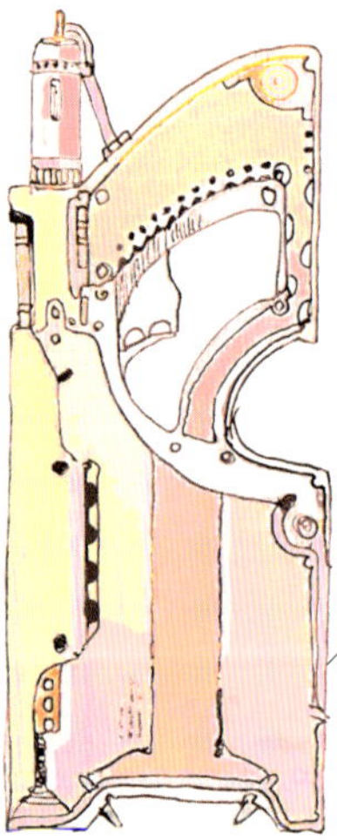

スタンガン

威力調整可／自作

自作した数々の
奇怪な発明の中でも
特に優秀な出来だった武器を
普段から持ち歩いている。

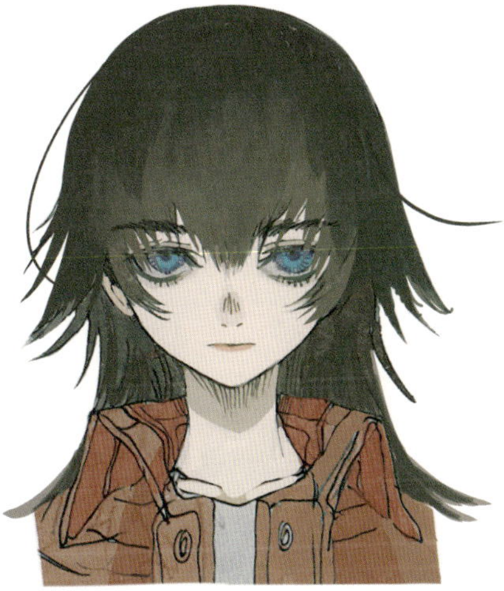

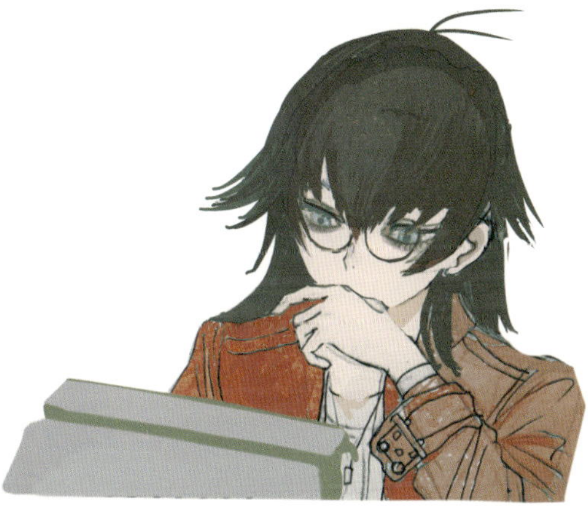

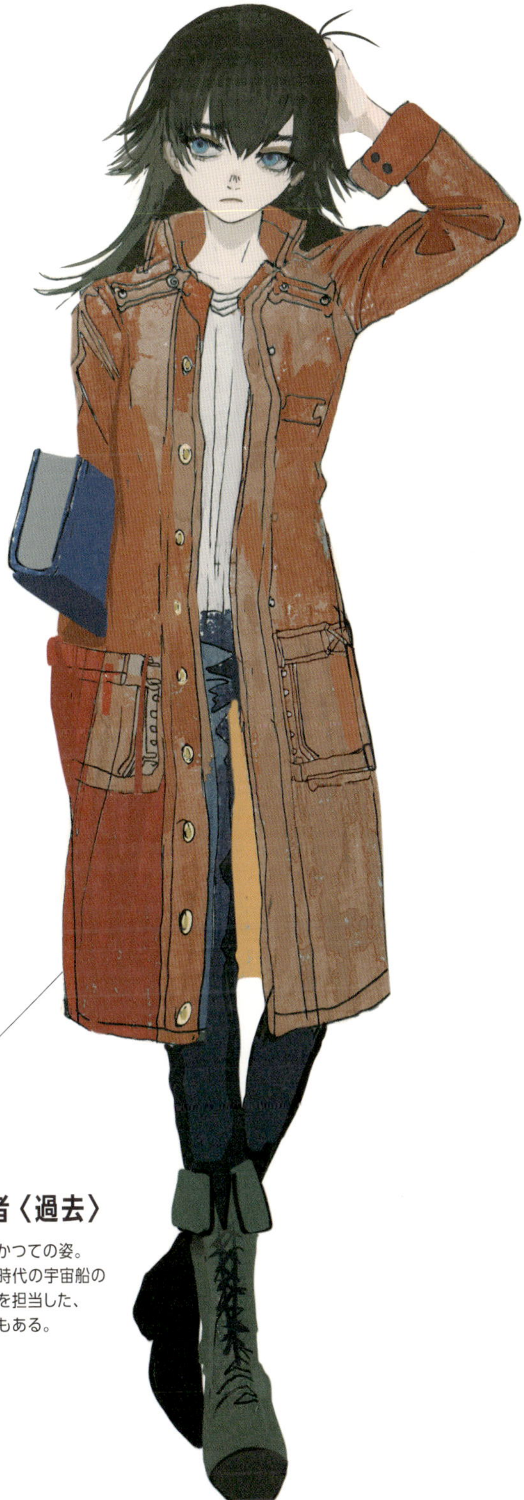

探索者〈過去〉

探索者のかつての姿。
惑星開拓時代の宇宙船の
基礎設計を担当した、
研究者でもある。

SEEKER

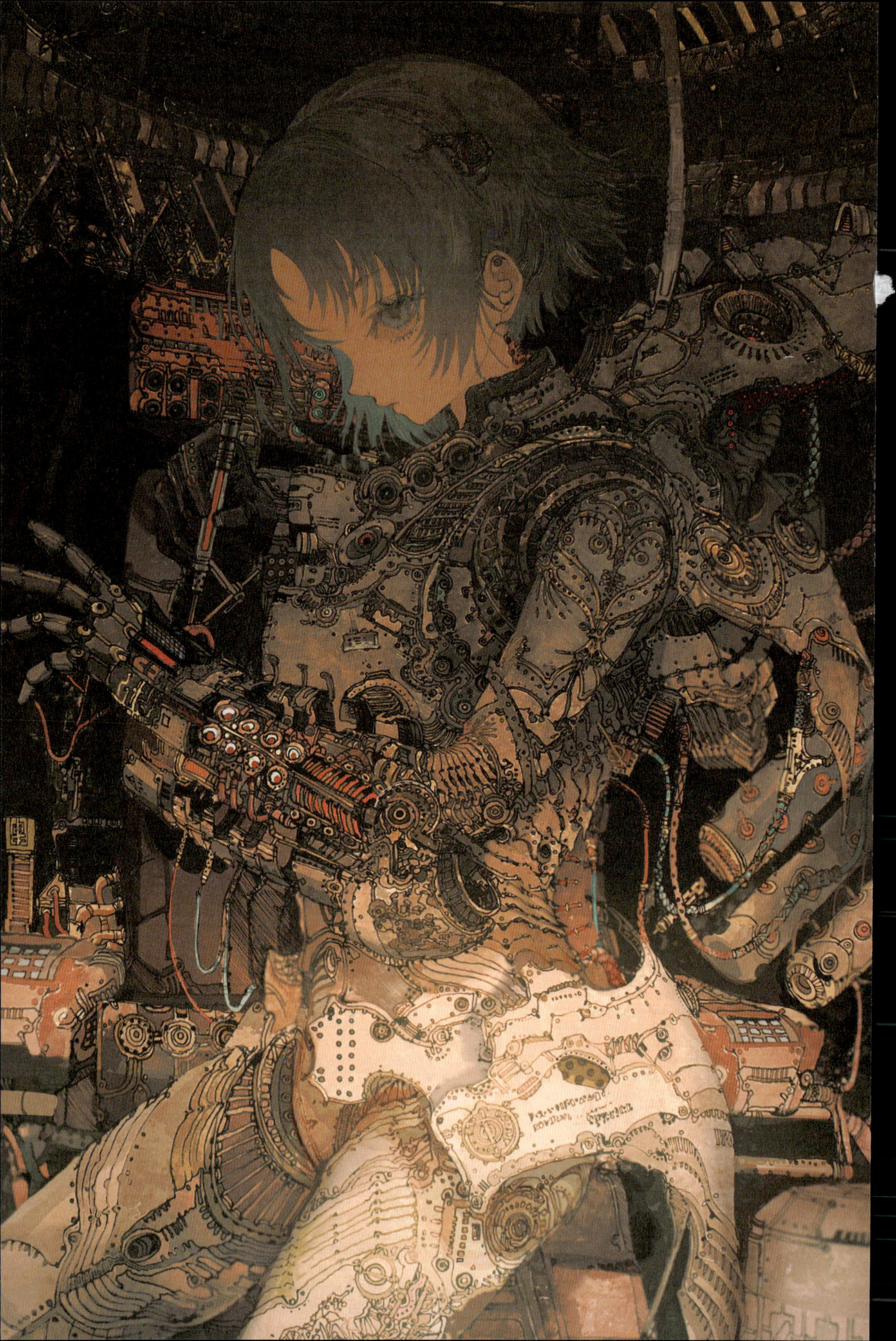

SEEKER

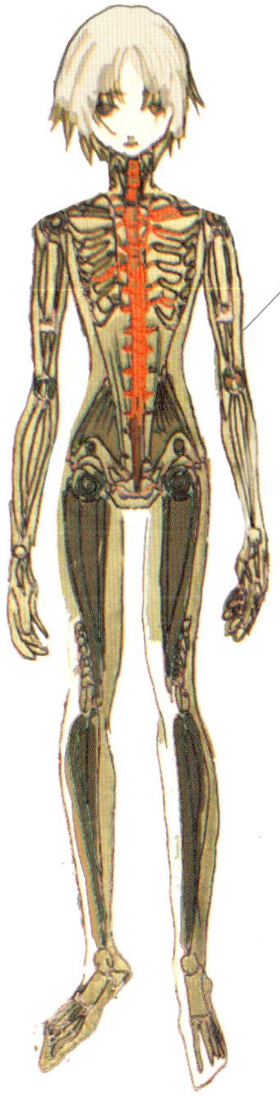

生身なのは頭部・脊髄。
それ以外は義体。

その正体は、数百年前から活動している探索者。

まだ見ぬ惑星との出会いを求め、
自身に寿命を引き延ばすための手術を施し、
必要な器官以外をすべて義体化した狂人である。

不審な行動を繰り返すため、周囲から距離を置かれている。

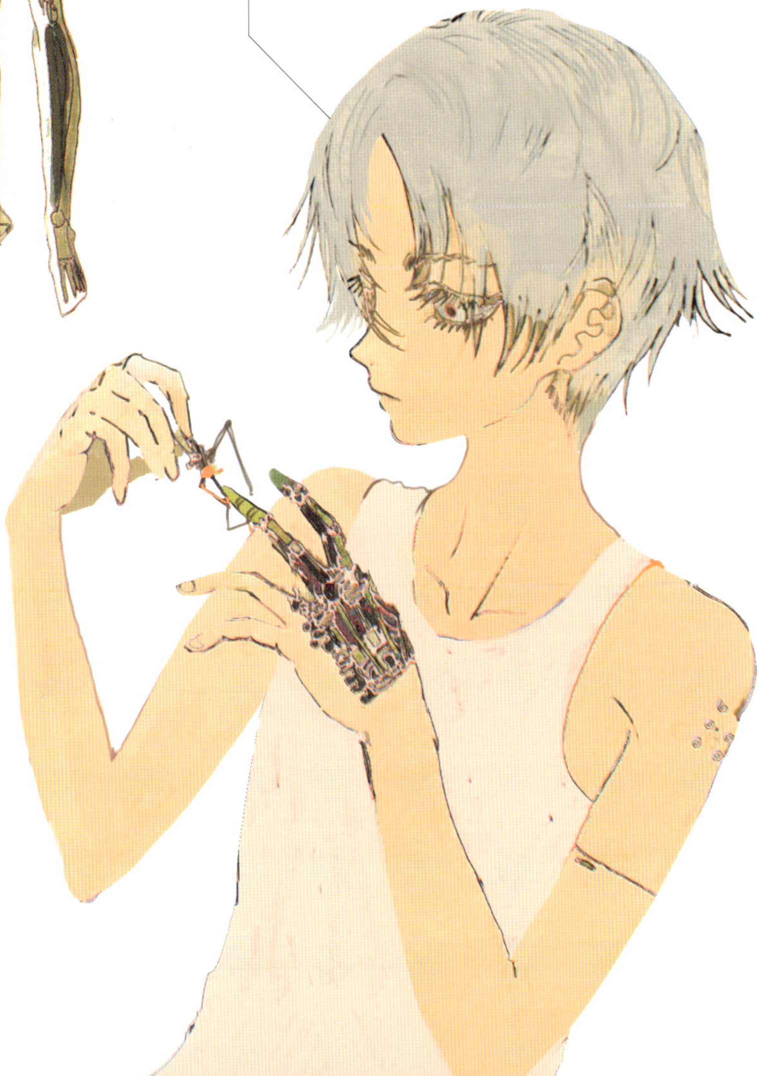

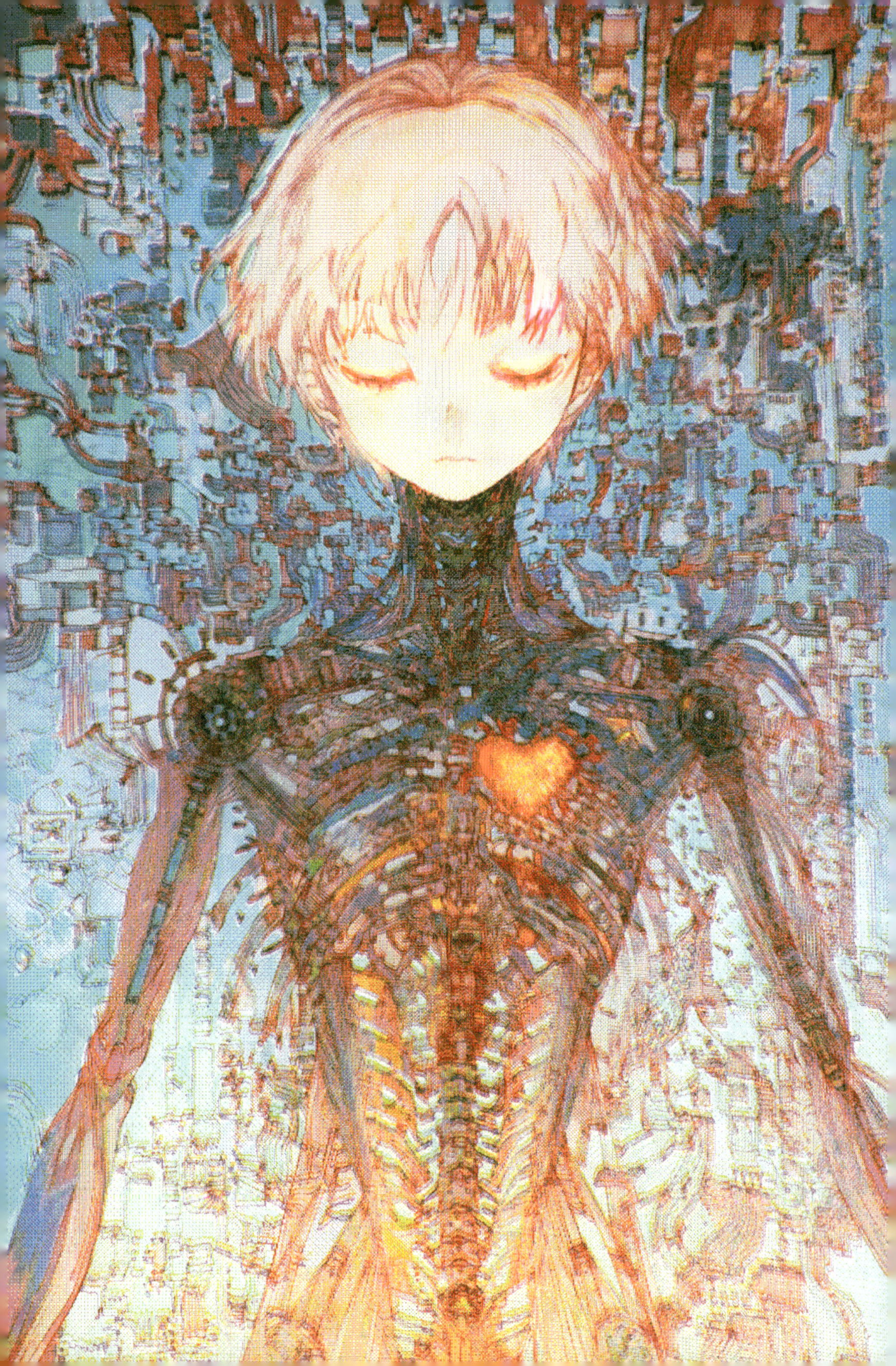

義体には異星人の技術
が使用されているため、
メンテナンスには異星人
の協力が必要。

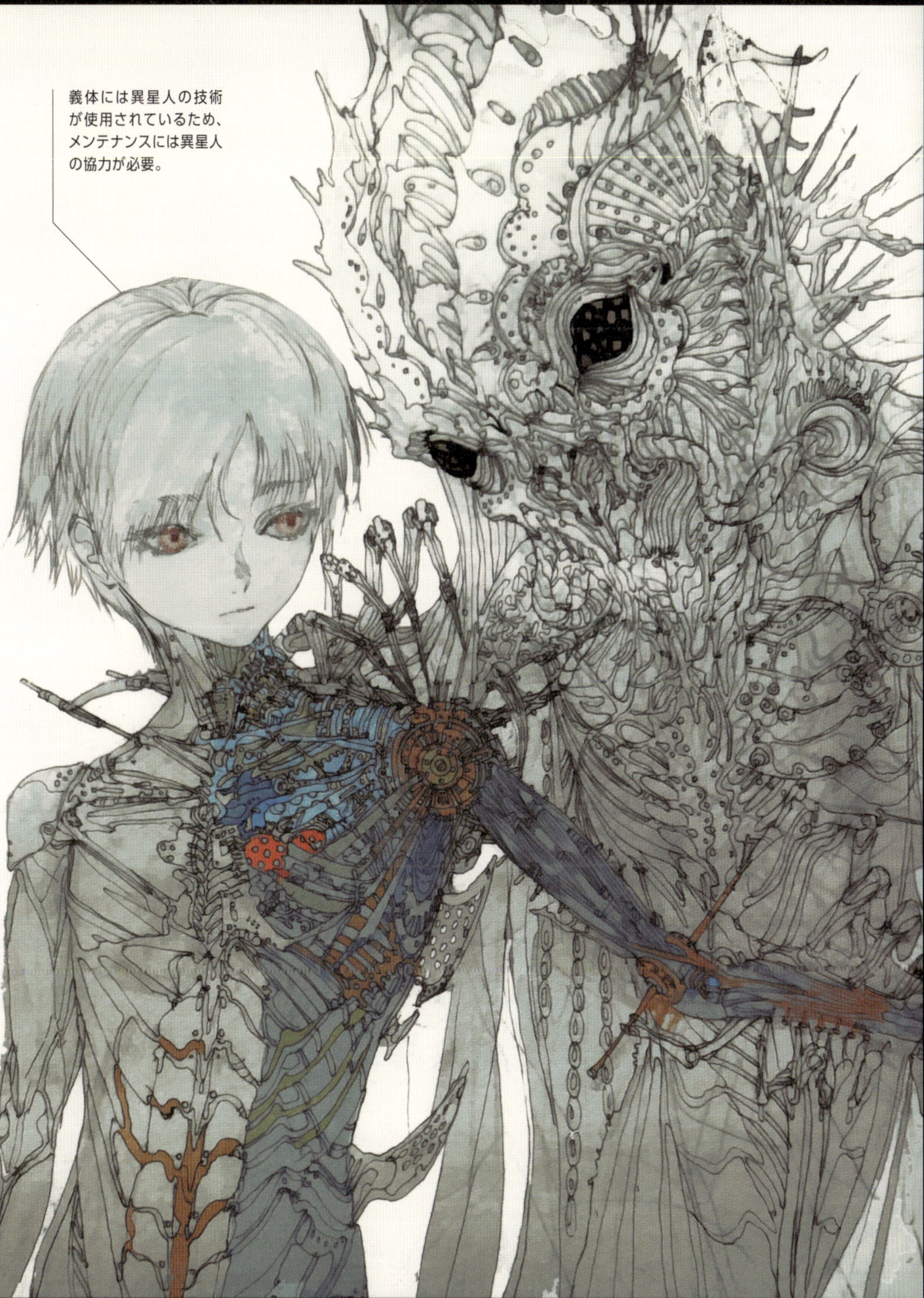

探索者〈義体〉

頭部以外の大部分が機械でできている。探索者の「いつまでもこの宇宙を探索する」という願いを叶えるためには、人間より遥かに強く丈夫で長持ちする身体が必要だった。義体には人間のみならず異星人の技術も採用されており、現宇宙に存在する義体の中でも最高峰の性能を誇る。

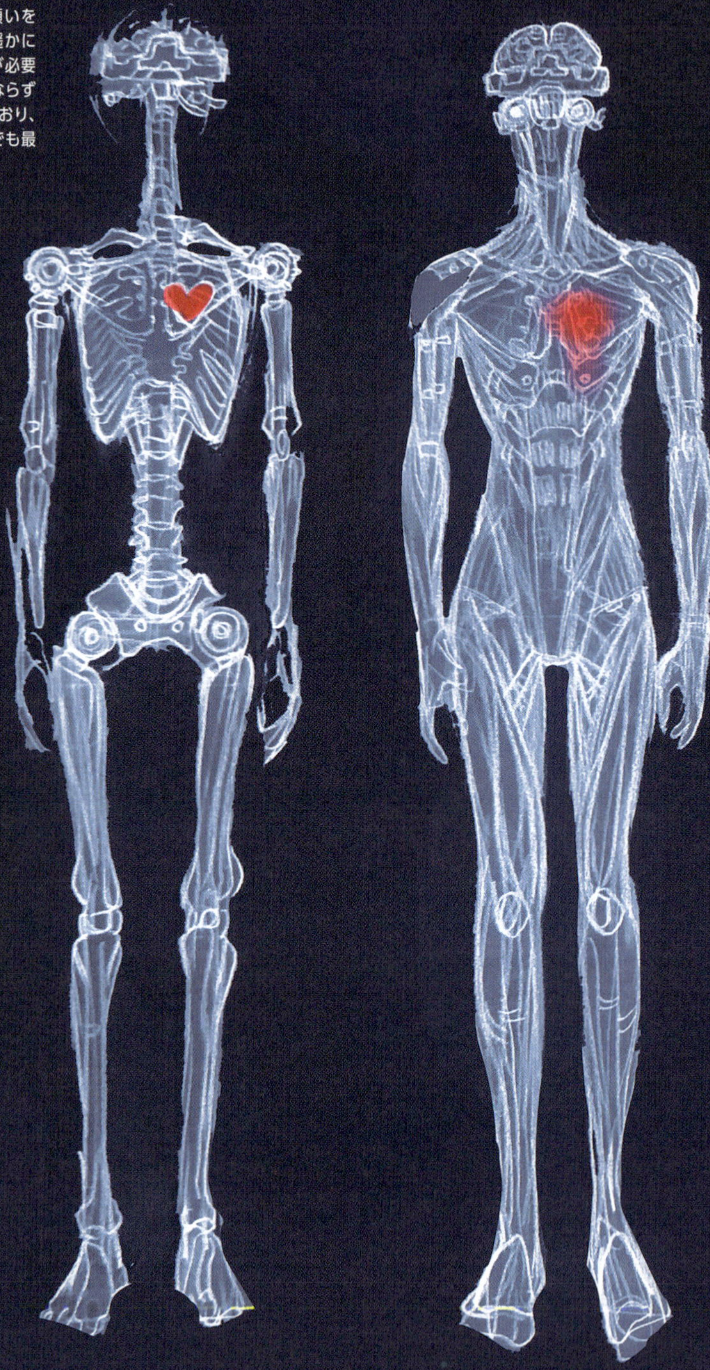

BODY

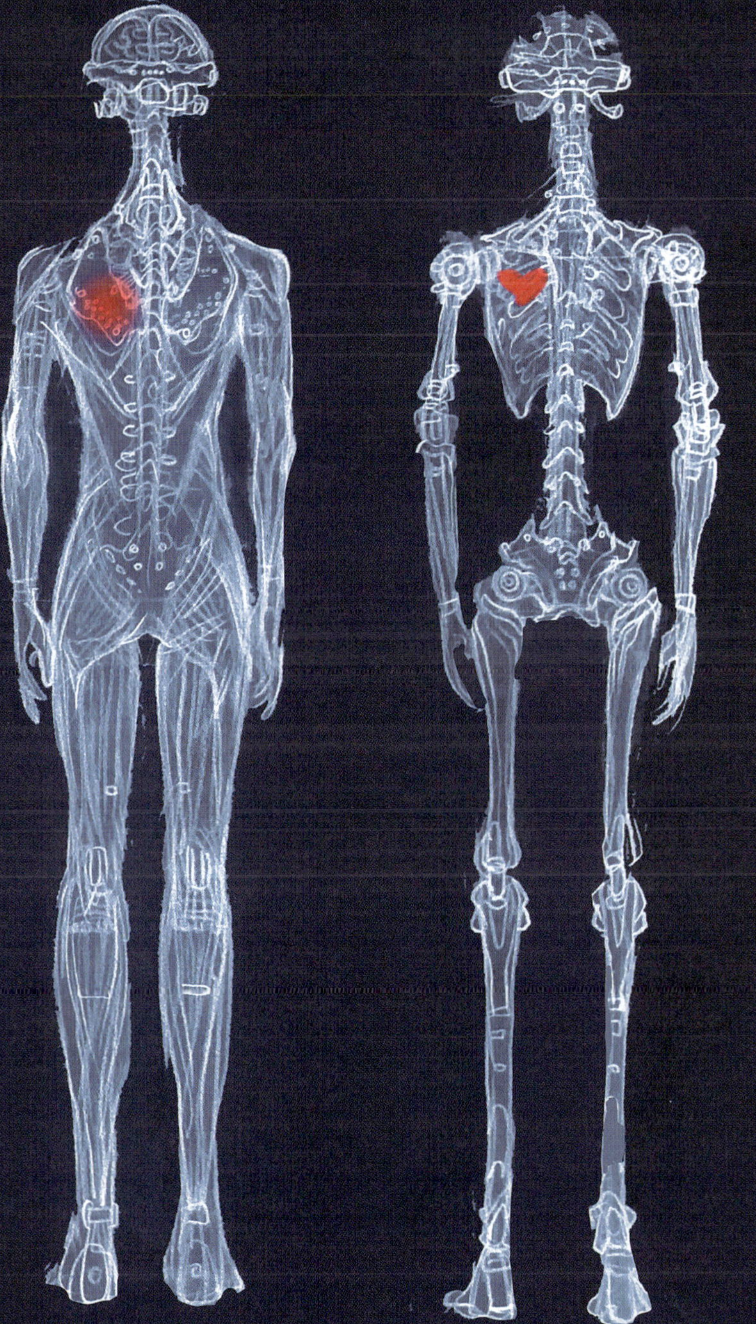

探索者〈義体〉

首より下はすべて義体。

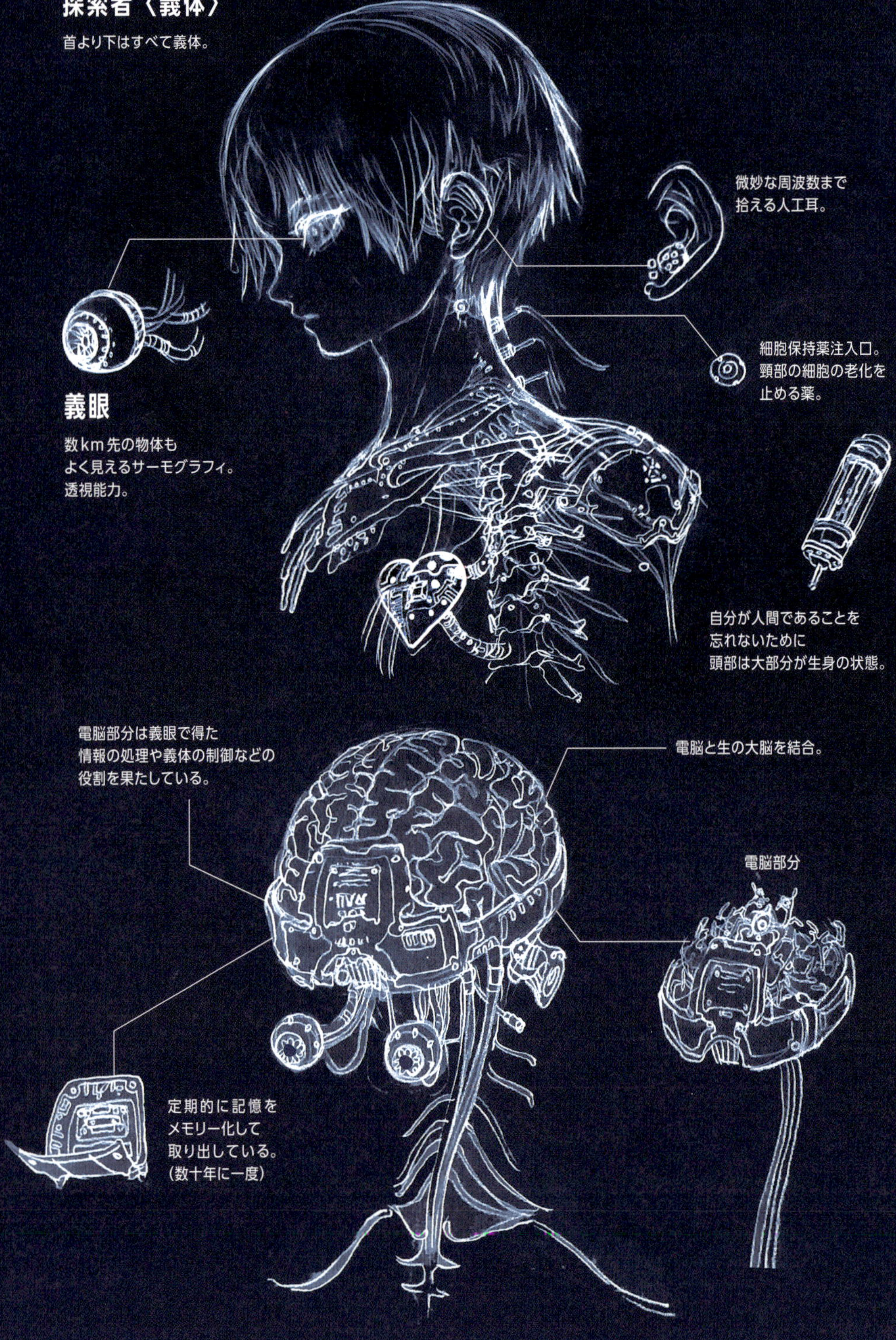

BODY

強化骨格

高密度な特殊金属で構築されている。
耐熱温度：3,000℃

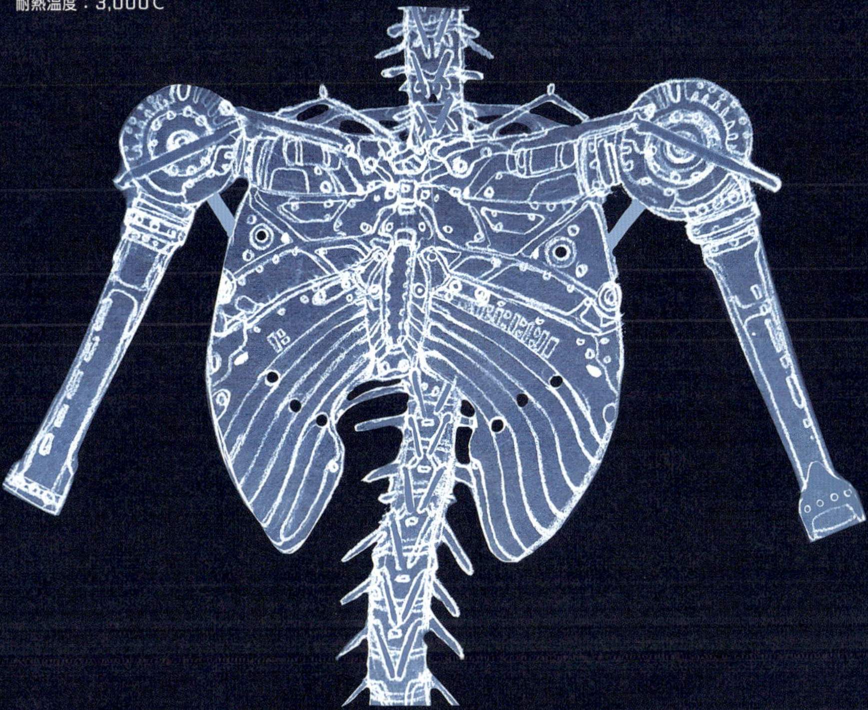

人工心臓

頭部の細胞を維持するためと、
義体を動かすためのバッテリーとしての
役割を持つ人工心臓。
探索者が発明した作品の中でも
最高傑作である。
稼働時間：26,000,000時間

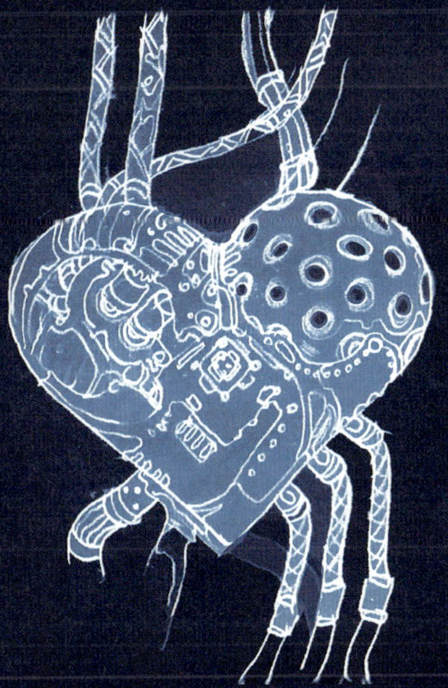

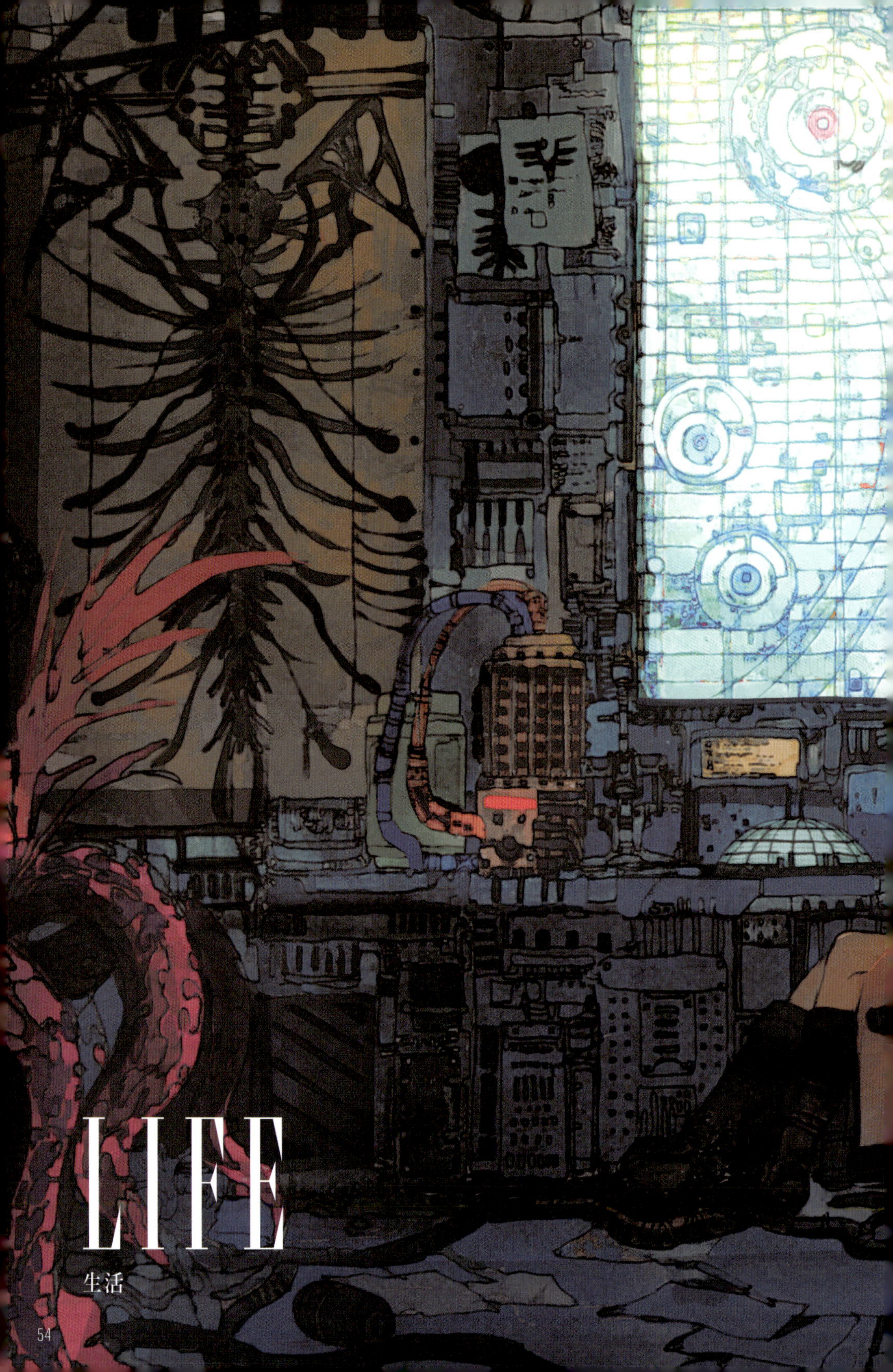

LIFE
生活

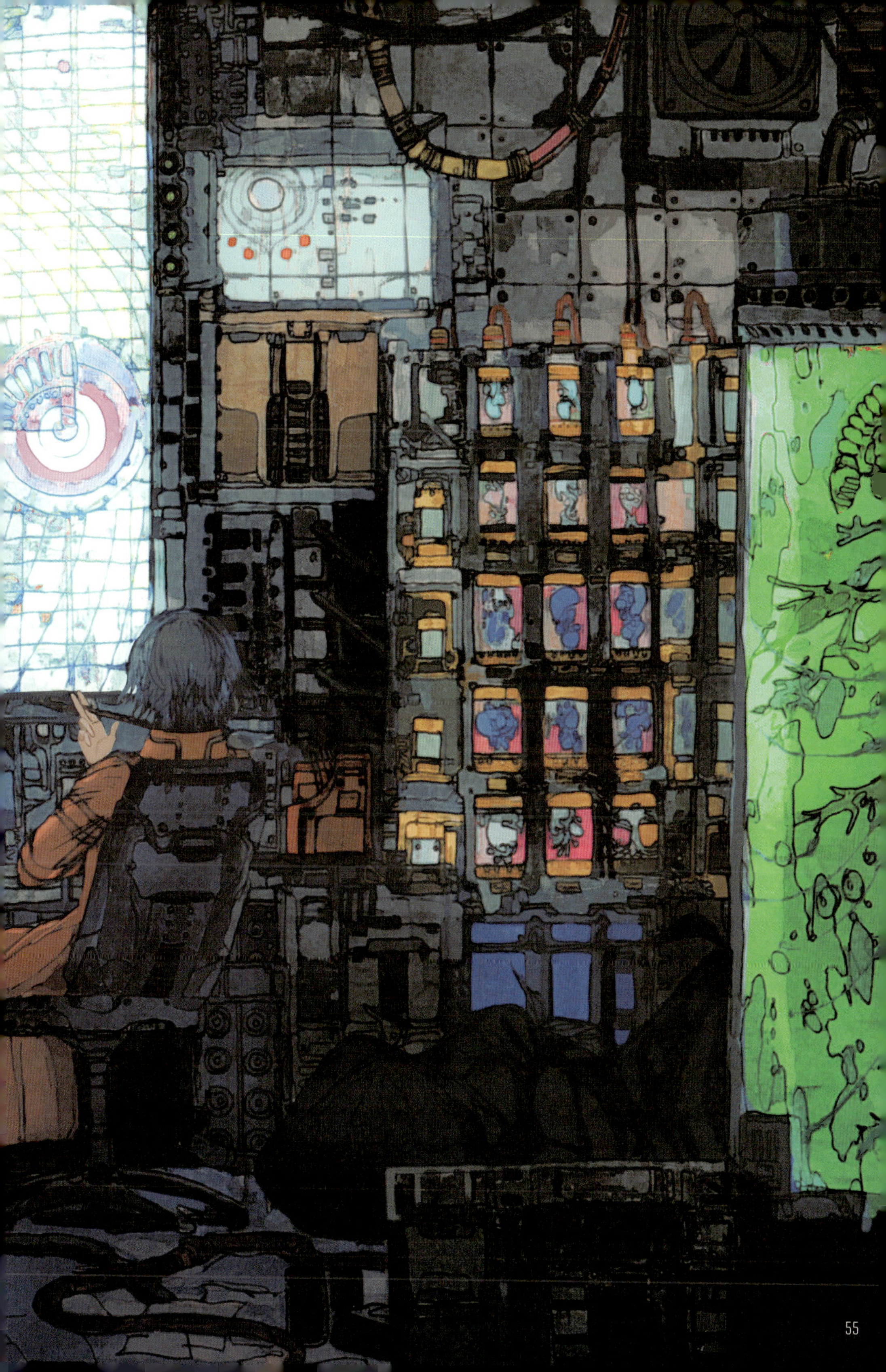

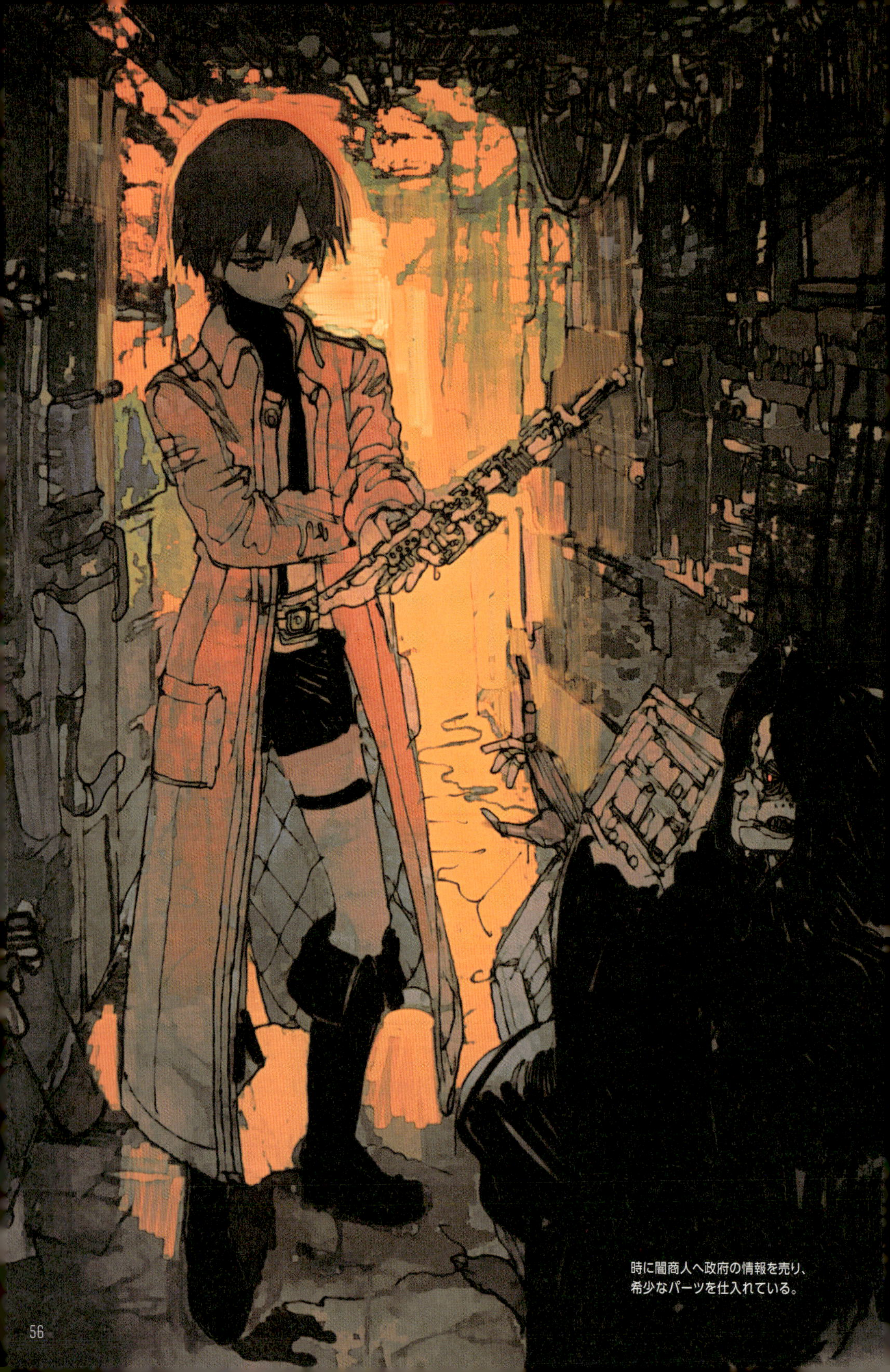

時に闇商人へ政府の情報を売り、
希少なパーツを仕入れている。

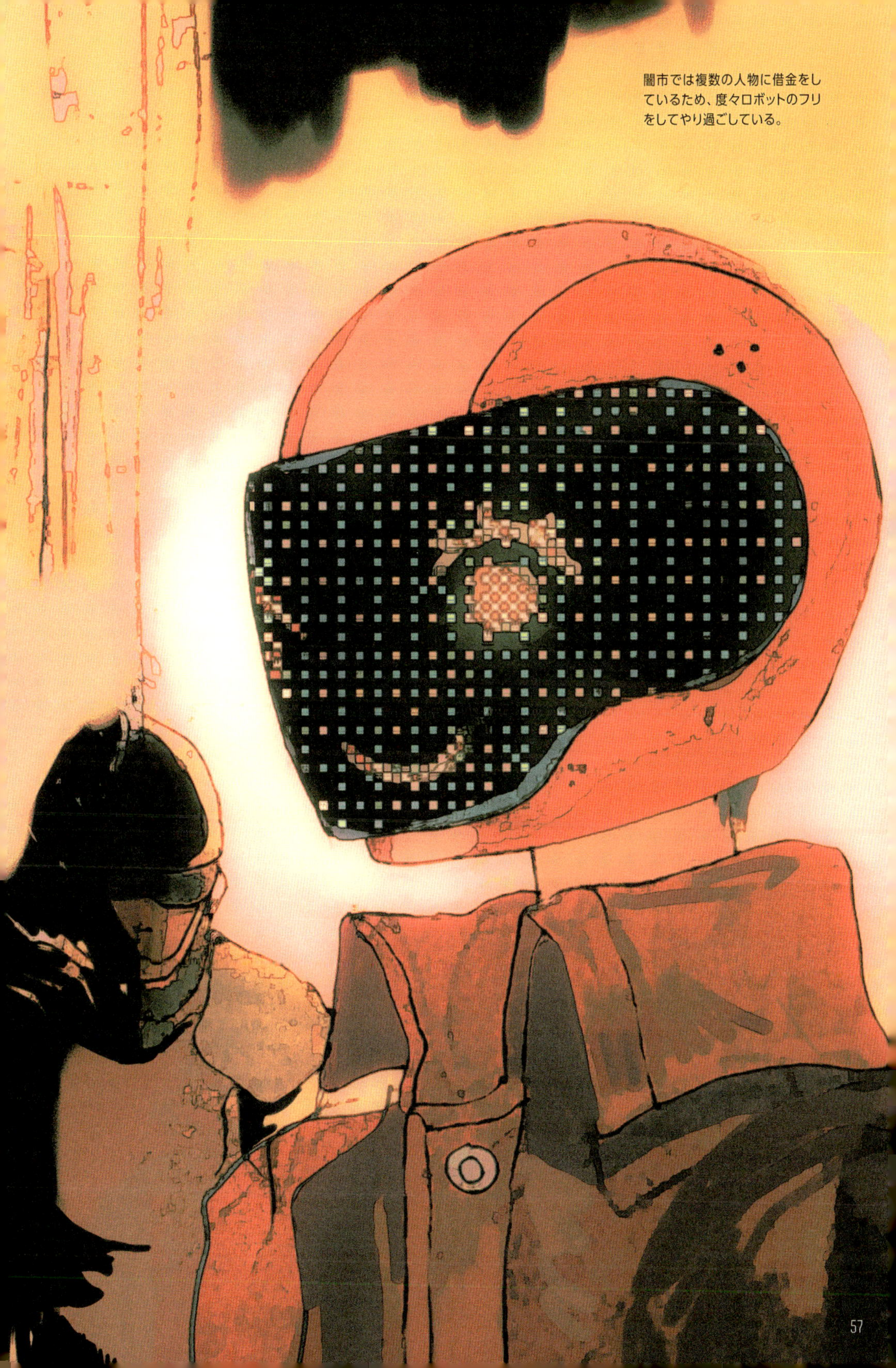

闇市では複数の人物に借金をしているため、度々ロボットのフリをしてやり過ごしている。

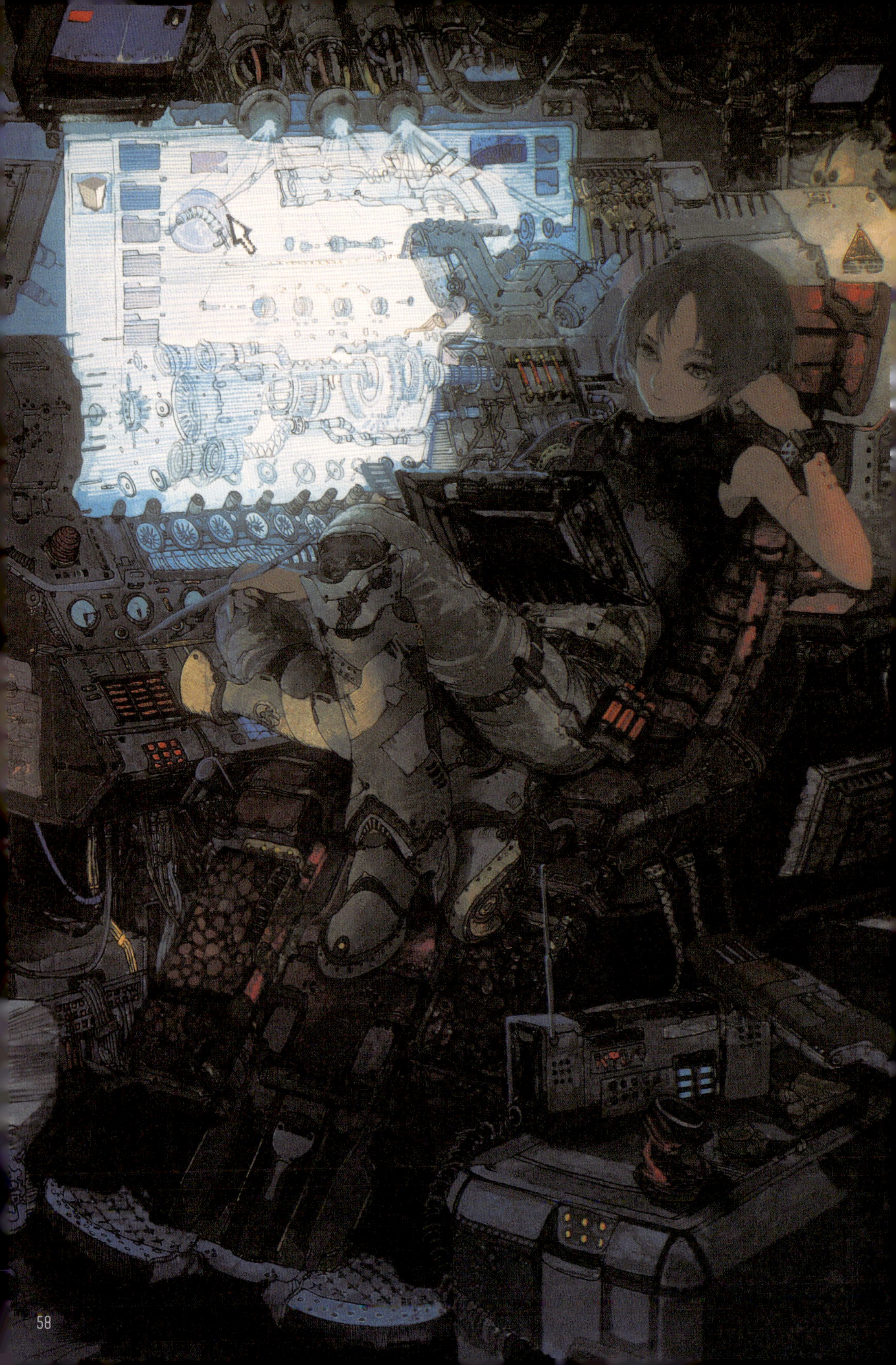

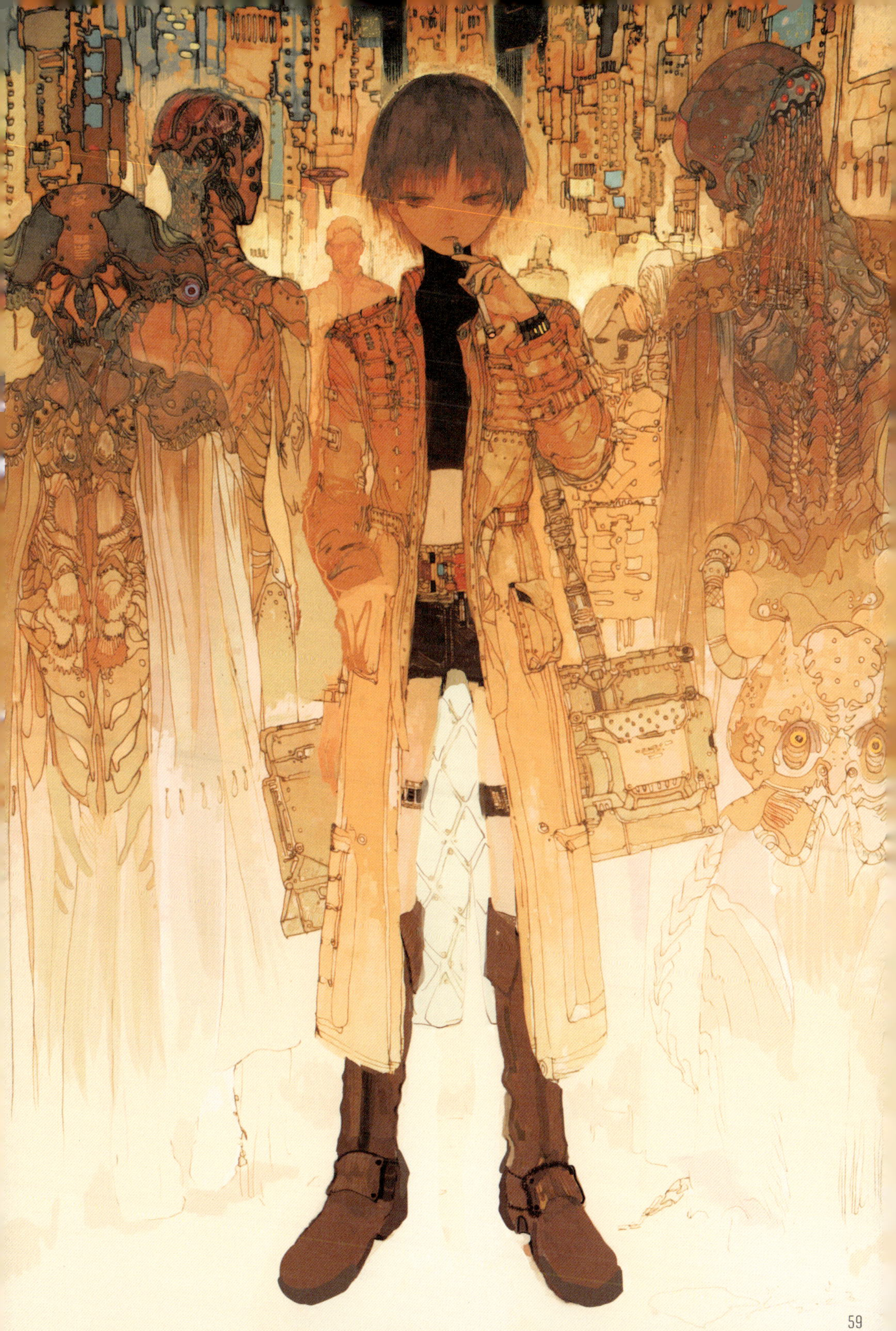

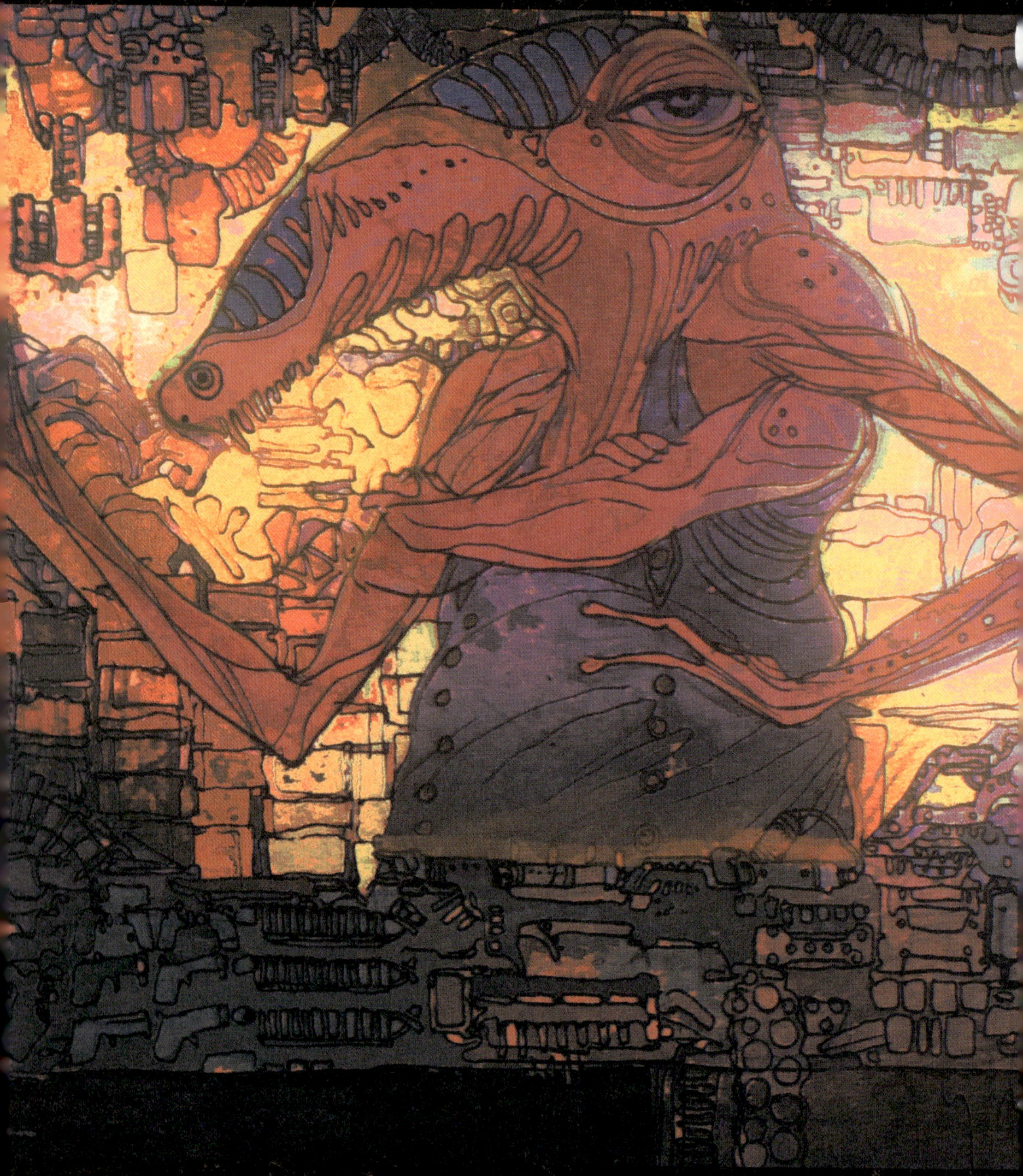

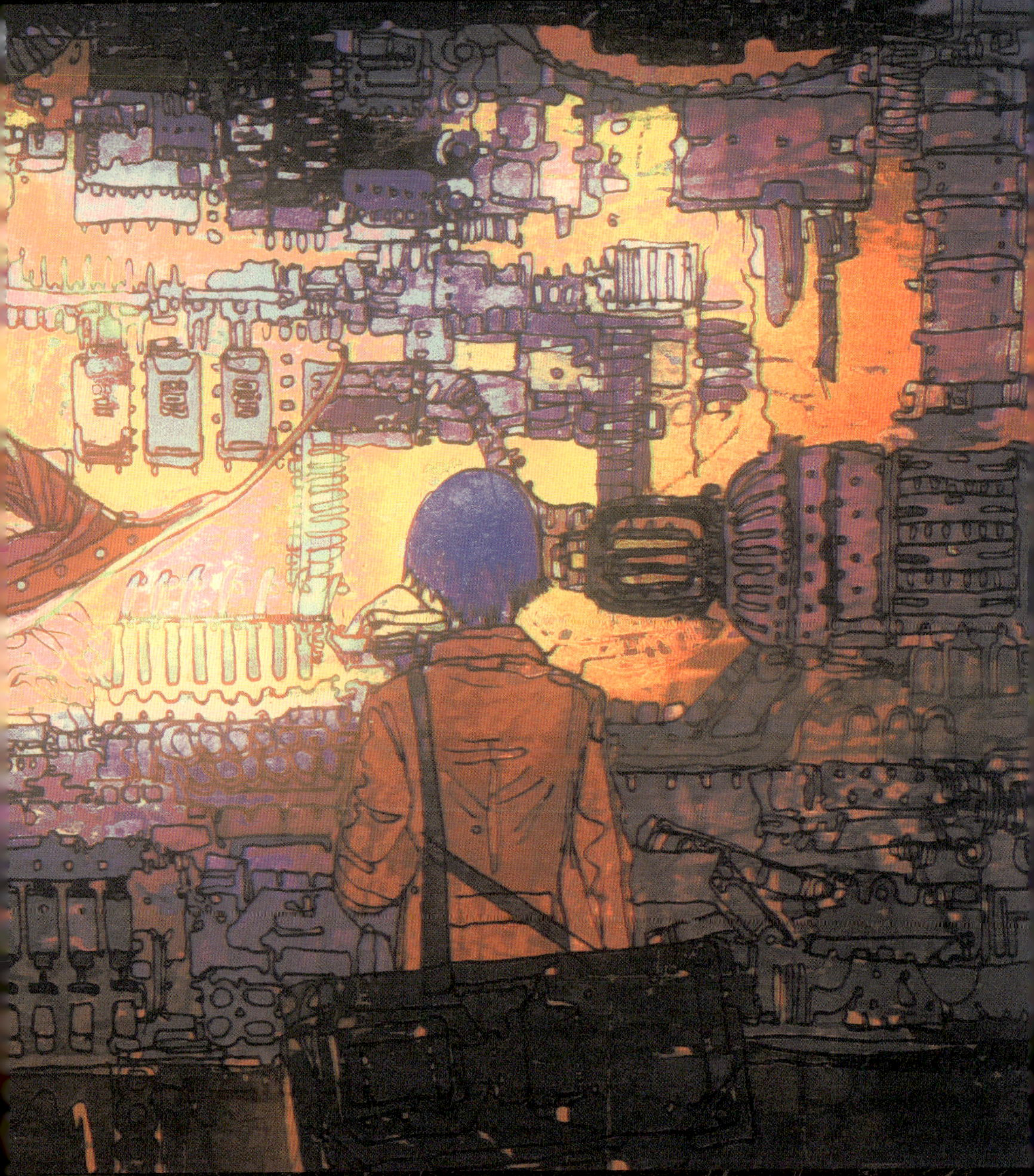

闇市には異星人が持ち込んだ、正規の市場にはない
旧時代の部品や条約違反の部品が揃っている。

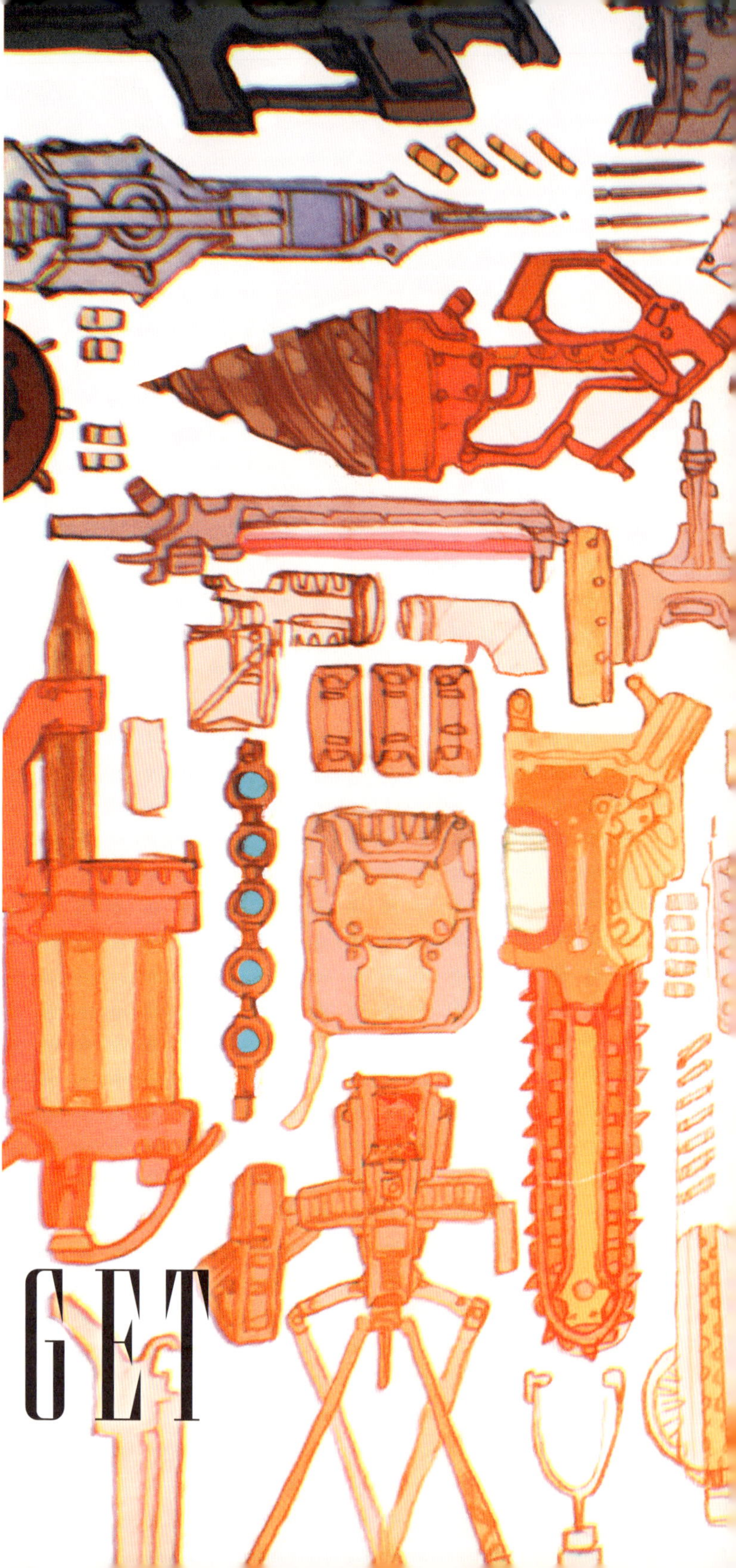

GADGET

機械装置

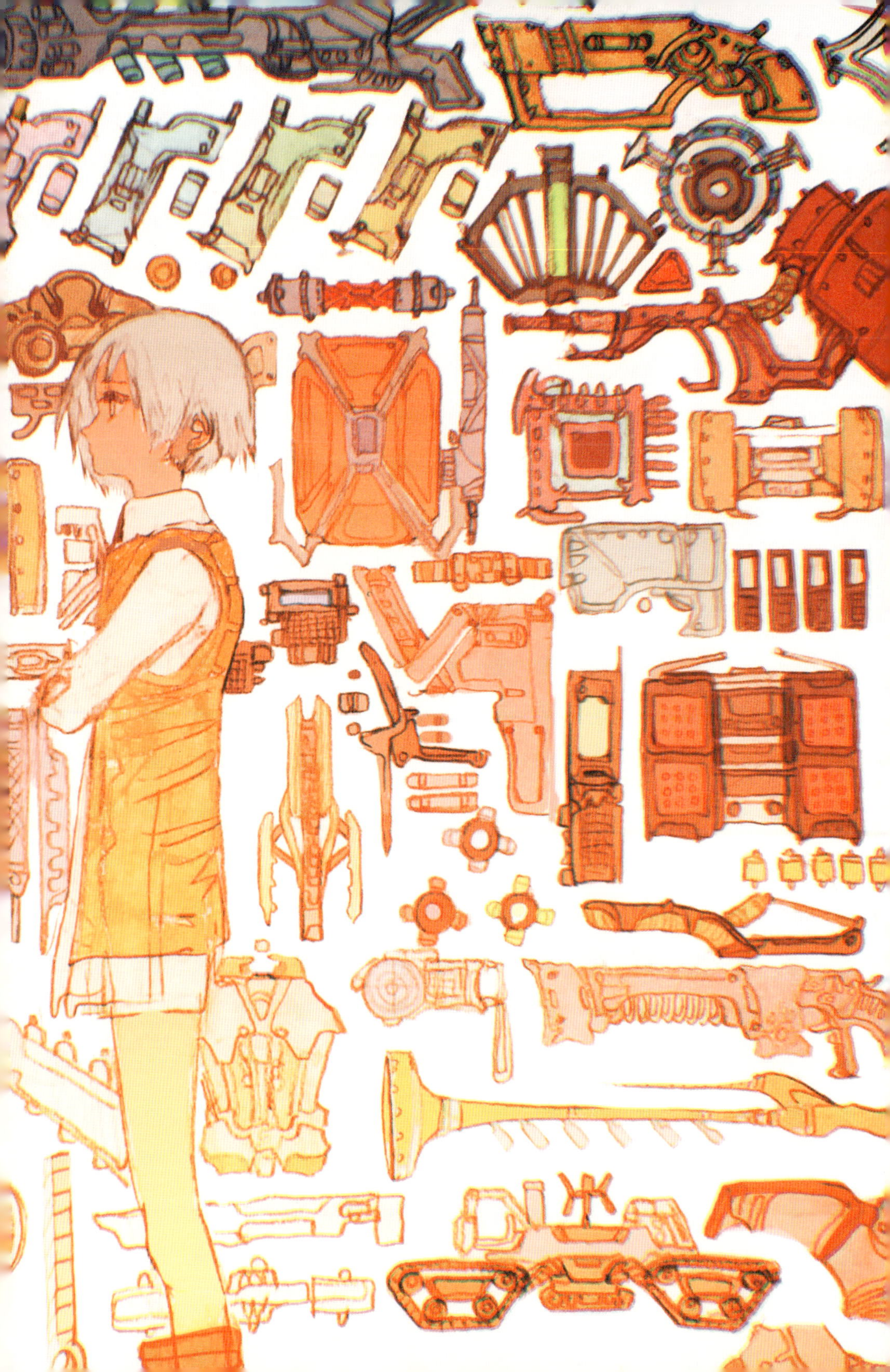

GADGET

支給型
デバイス

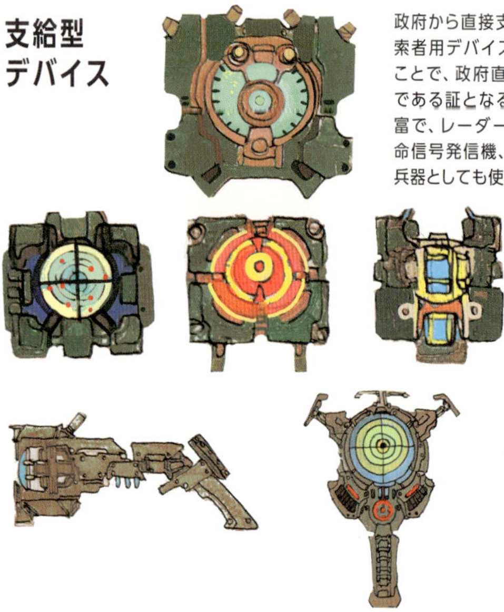

政府から直接支給される探索者用デバイス。所持することで、政府直属の探索者である証となる。機能が豊富で、レーダーから緊急救命信号発信機、携帯型護身兵器としても使用可能。

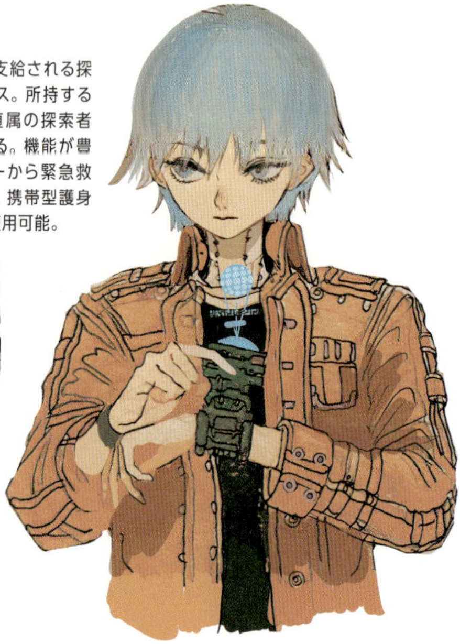

立体視双眼
デバイス

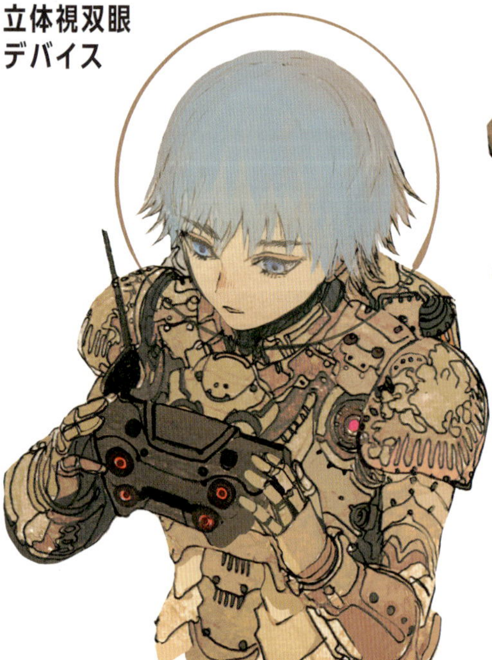

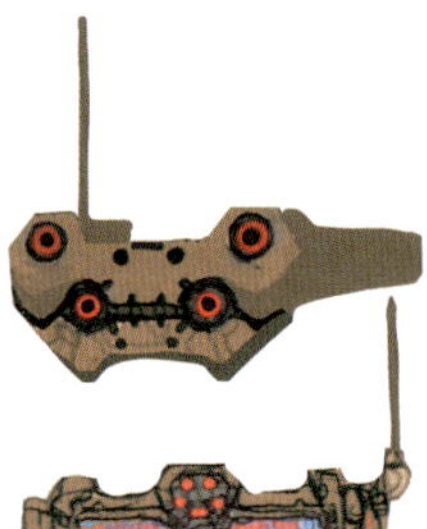

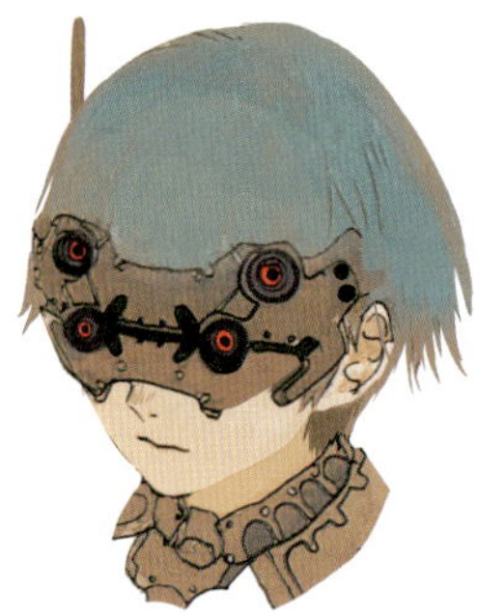

覗いた先の景色を立体的に解析し、音波を収集することで周囲の空間の詳細な状況を包括的に分析できるデバイス。装着者は視覚と聴覚の両面から環境情報を高精度に把握でき、より深い洞察を得ることが可能となった。

星間物質転送装置

遠く離れた宇宙空間の地点間で物質を瞬時に移動させる。物質をエネルギーに変換して転送する方法が採用されており、物資の運搬を効率化し、探索者の活動をサポートしている。

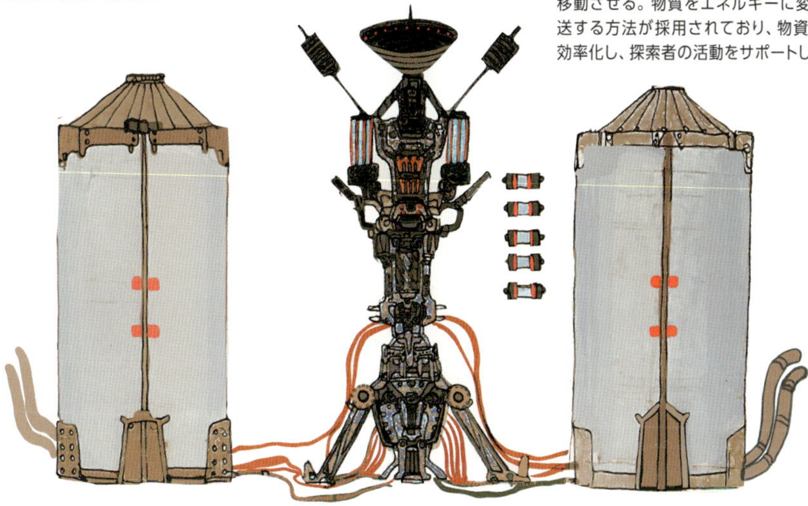

携帯型ベースキャンプ

持ち運びができる便利なキャンプ。地面に設置し終えた後、その場に直径約6mのドーム型空間を作り出す。外壁は周囲の環境にカモフラージュすることが可能。

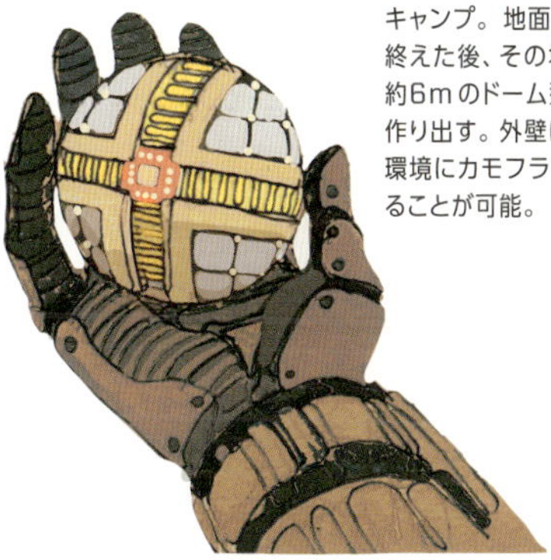

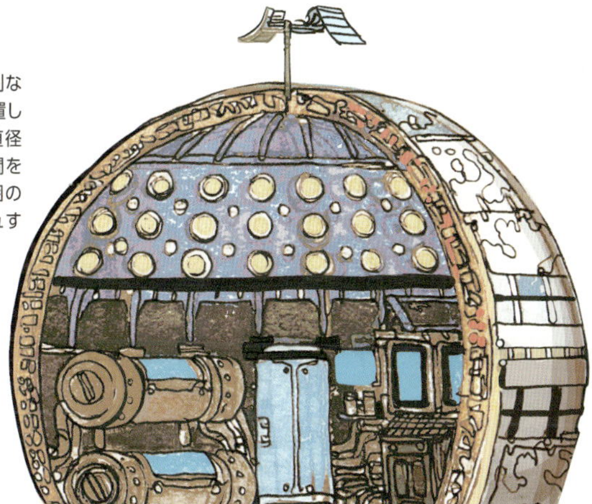

探索用ドローン

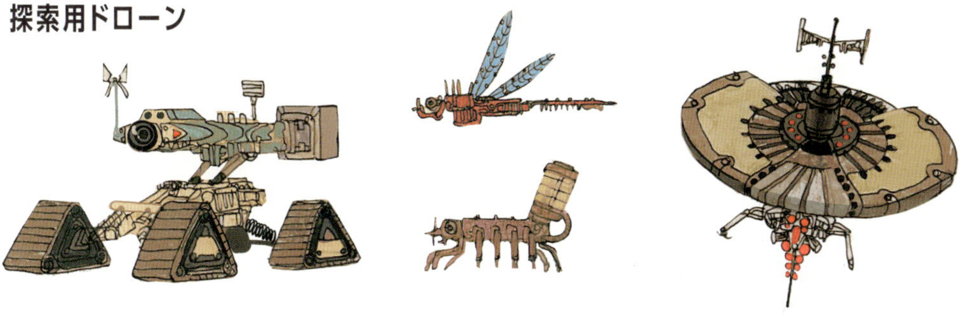

あらゆる環境に適応する探索用ドローン。生物に擬態する機能を持ち、その場に溶け込むことで目立つことなく探索活動が可能。

レーダー

小型3Dプロジェクター

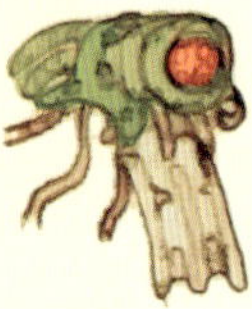

情報を3Dにすること
で高低差まで認識す
ることが可能。

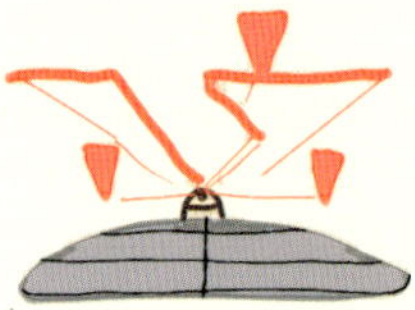

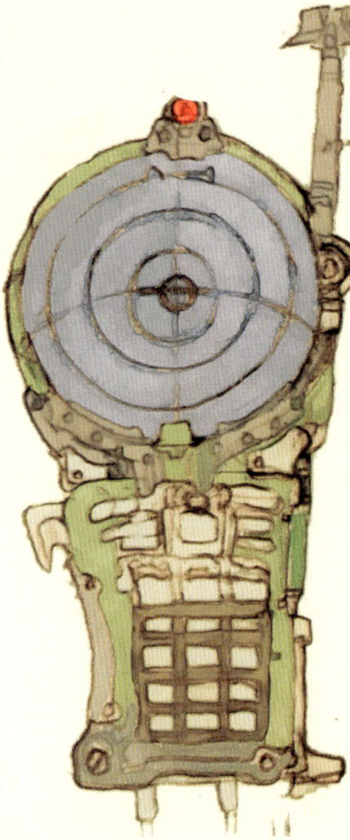

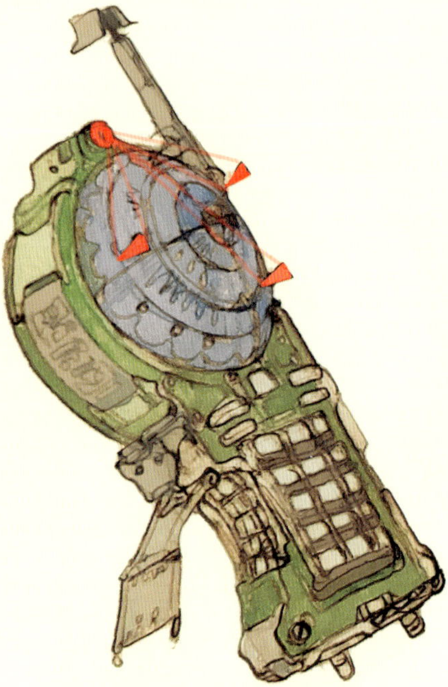

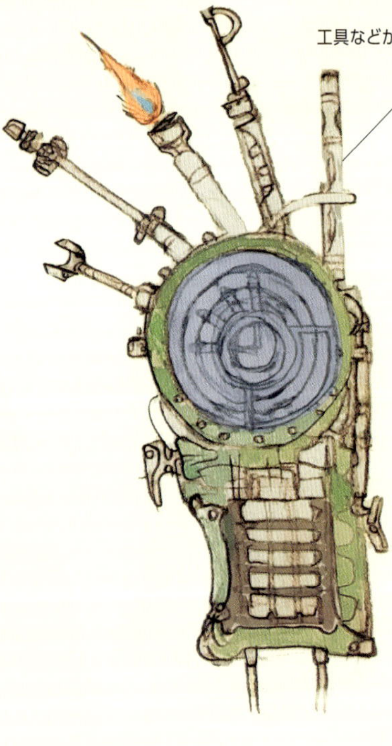

工具などが取り出せる。

節電モード

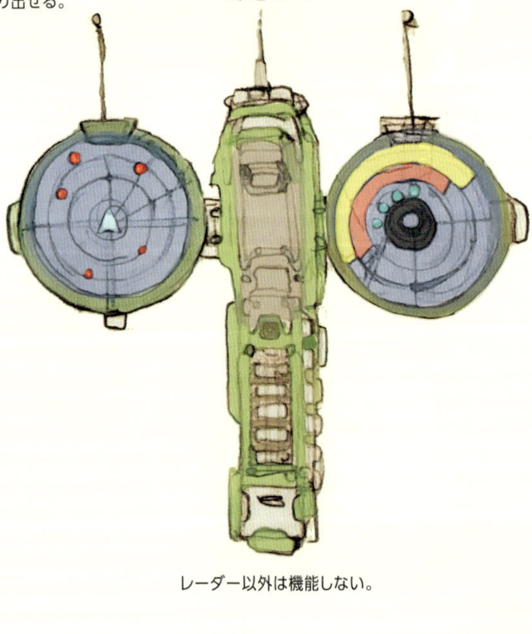

レーダー以外は機能しない。

GADGET

小型通信デバイス

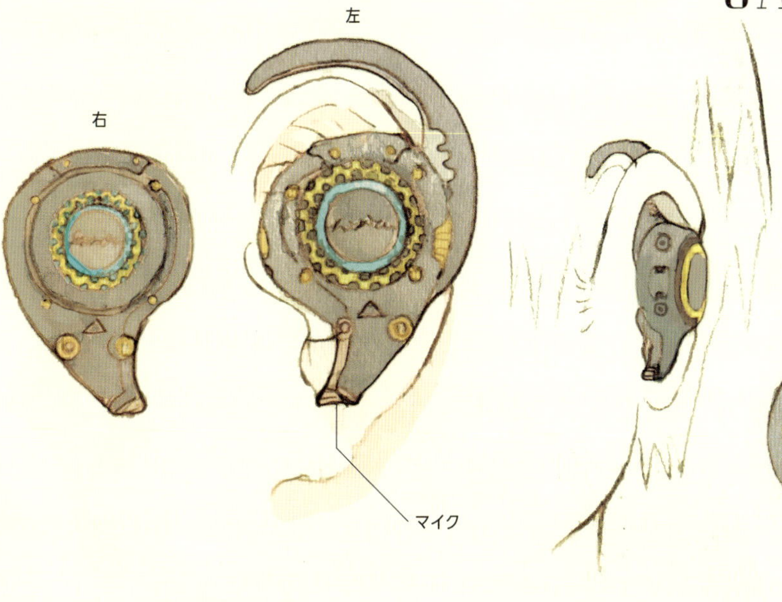

レーダーとリンクしており、通信デバイス内に埋め込まれた人工知能が探索者のサポートをする。

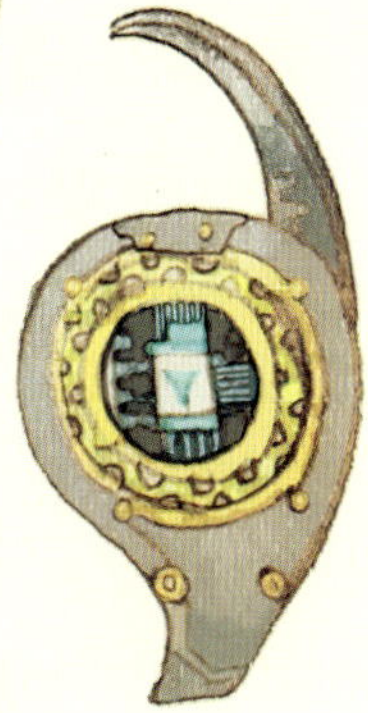

保冷カプセル

とある星で手に入れたゼリー状の物質が入ったカプセル。
ゼリーには物質を保冷する効果がある。

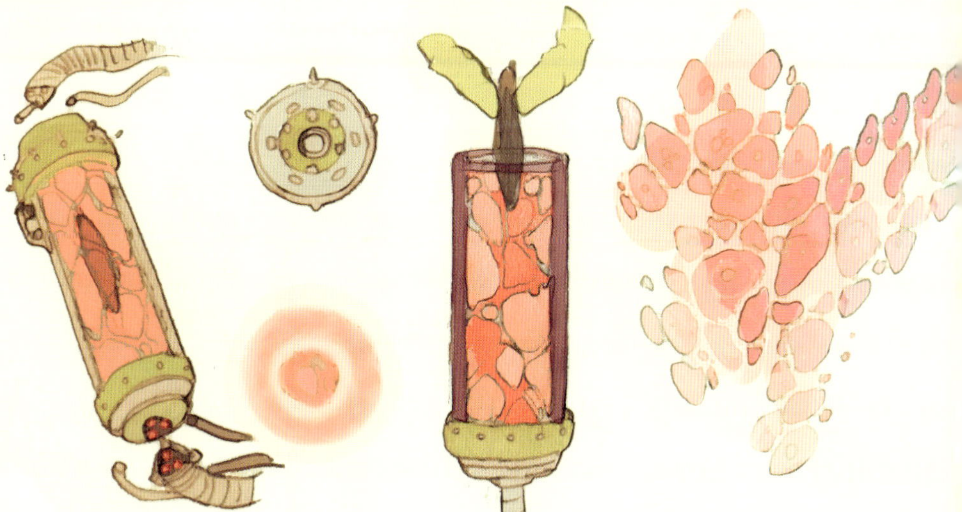

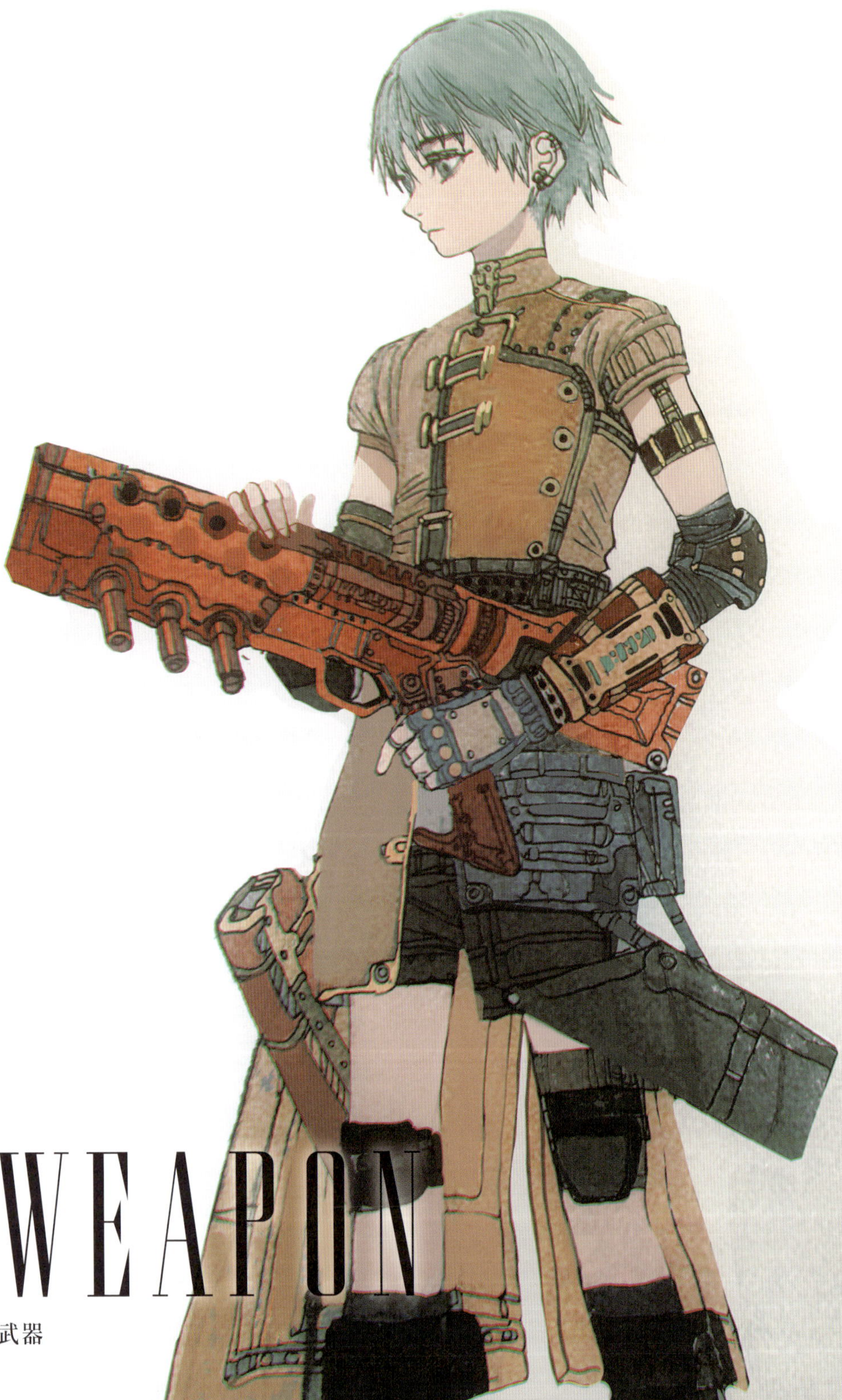

WEAPON

武器

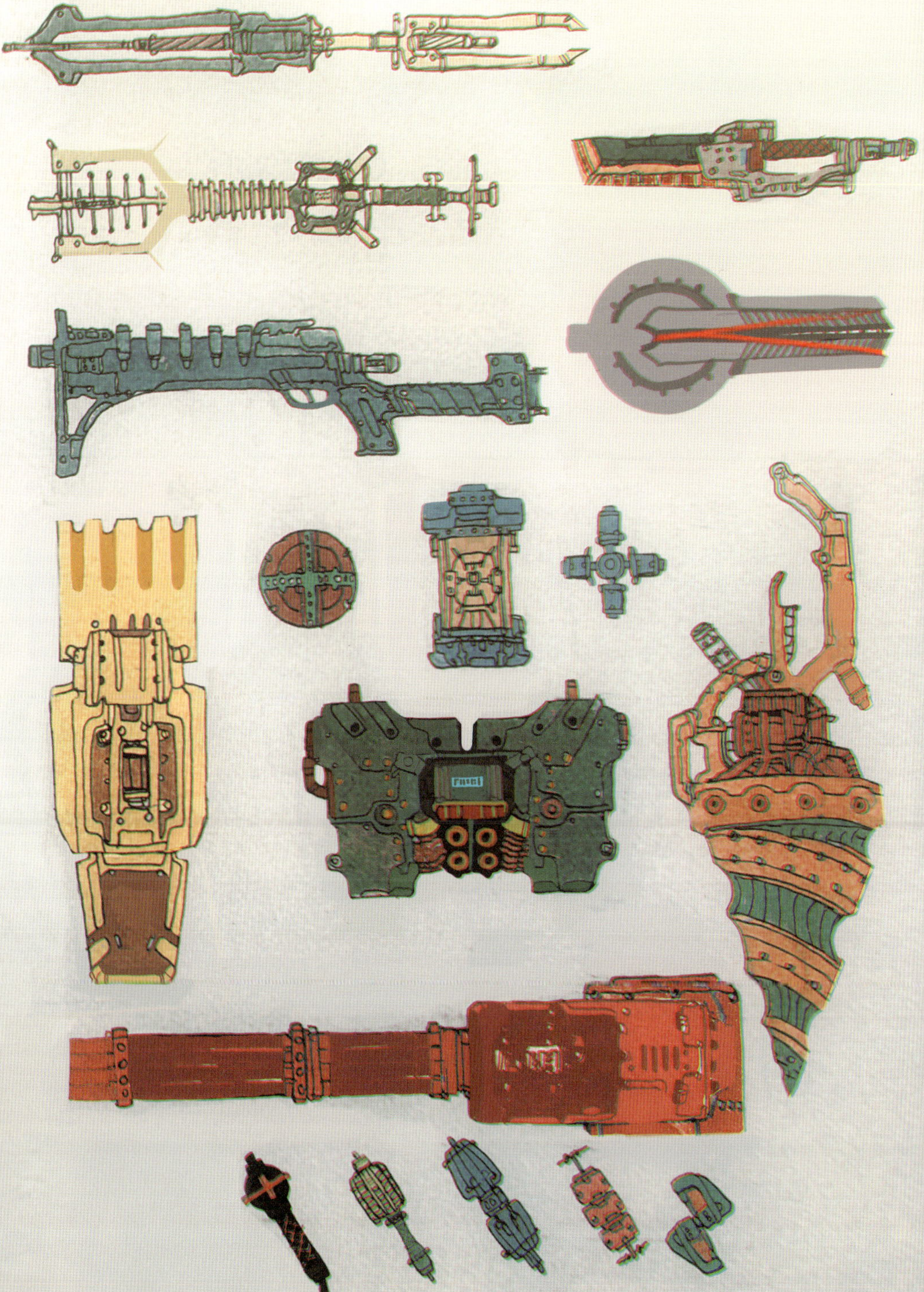

制圧用光線兵器

武器はスーツに装備しているため、落としてしまうような事故は起きない。威力は調整可。対象が気絶するレベルから、あたり一帯を原子レベルに分解するレベルまで存在する。

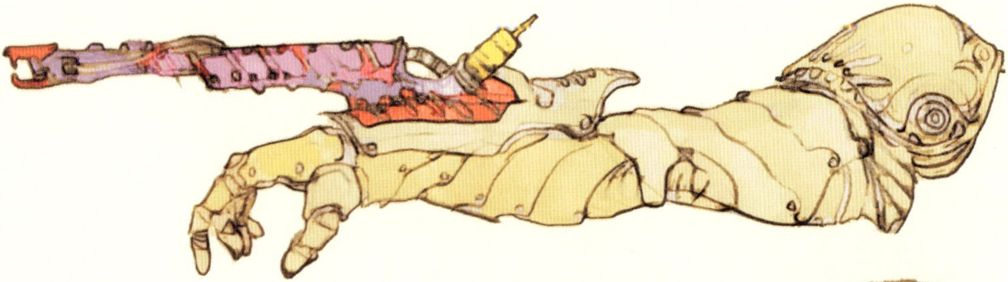

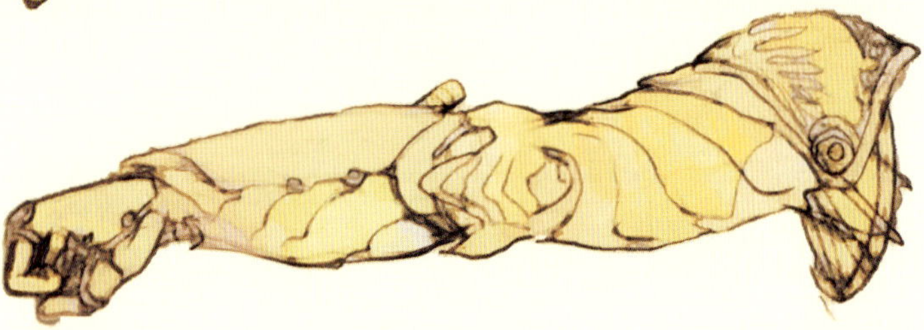

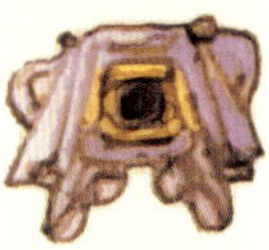

出力100%

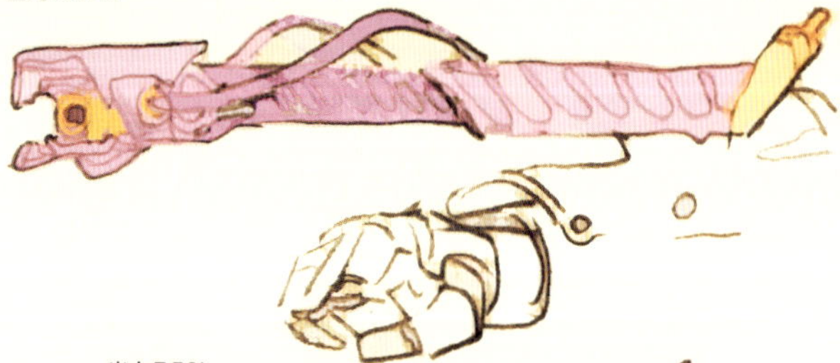

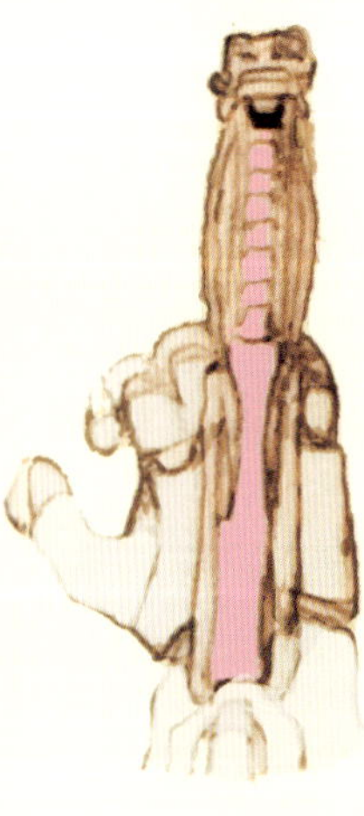

出力50%

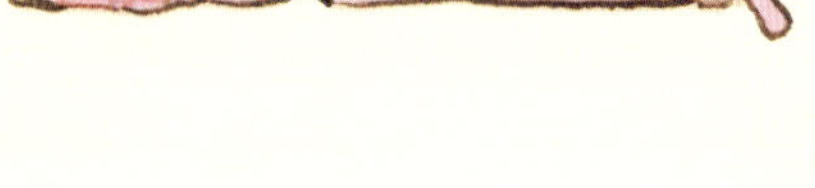

出力20%

WEAPON

レーザーワイヤー

最長1kmまで伸びるワイヤー。元は命綱や縄の役割だったが、レーザーの威力が強力なため兵器として使用することもある。

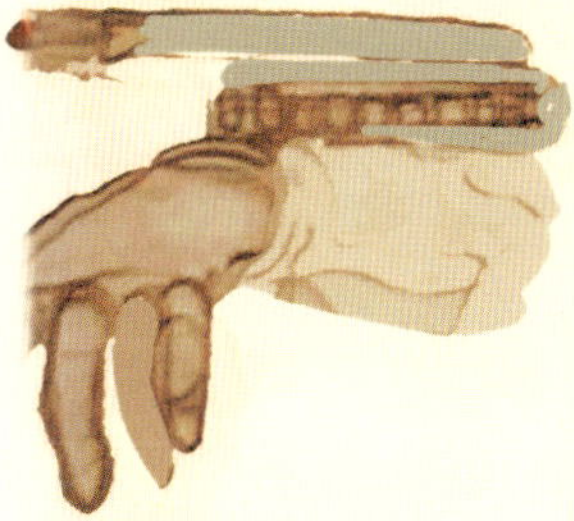

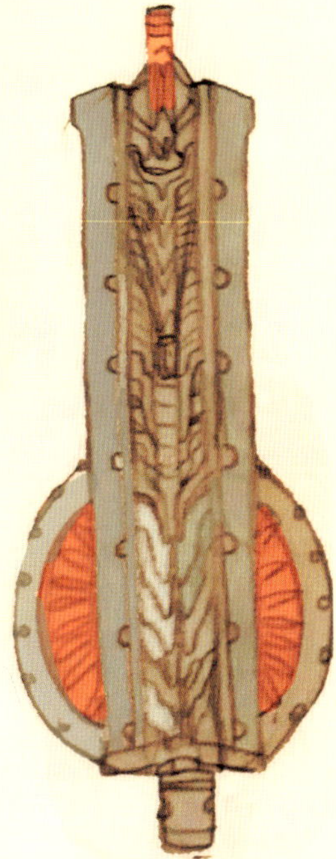

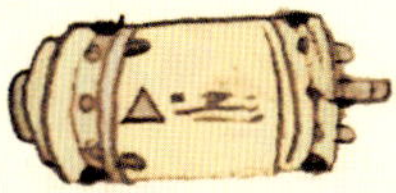

バッテリー

過去に訪れた星に存在する物質を使用して作ったバッテリー。持ちが良く、最大3カ月使用可能。

射出モード

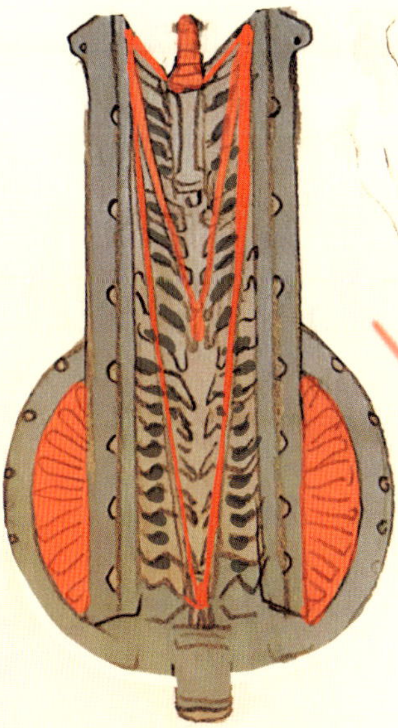

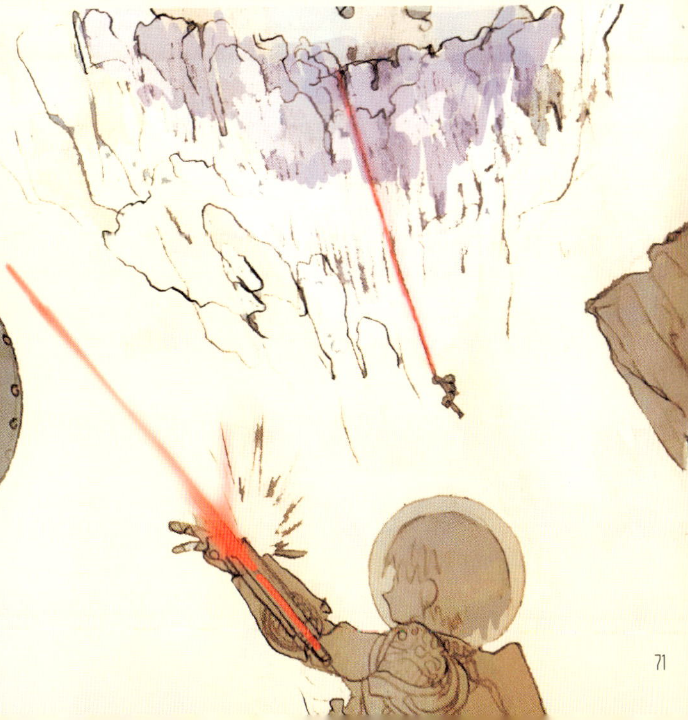

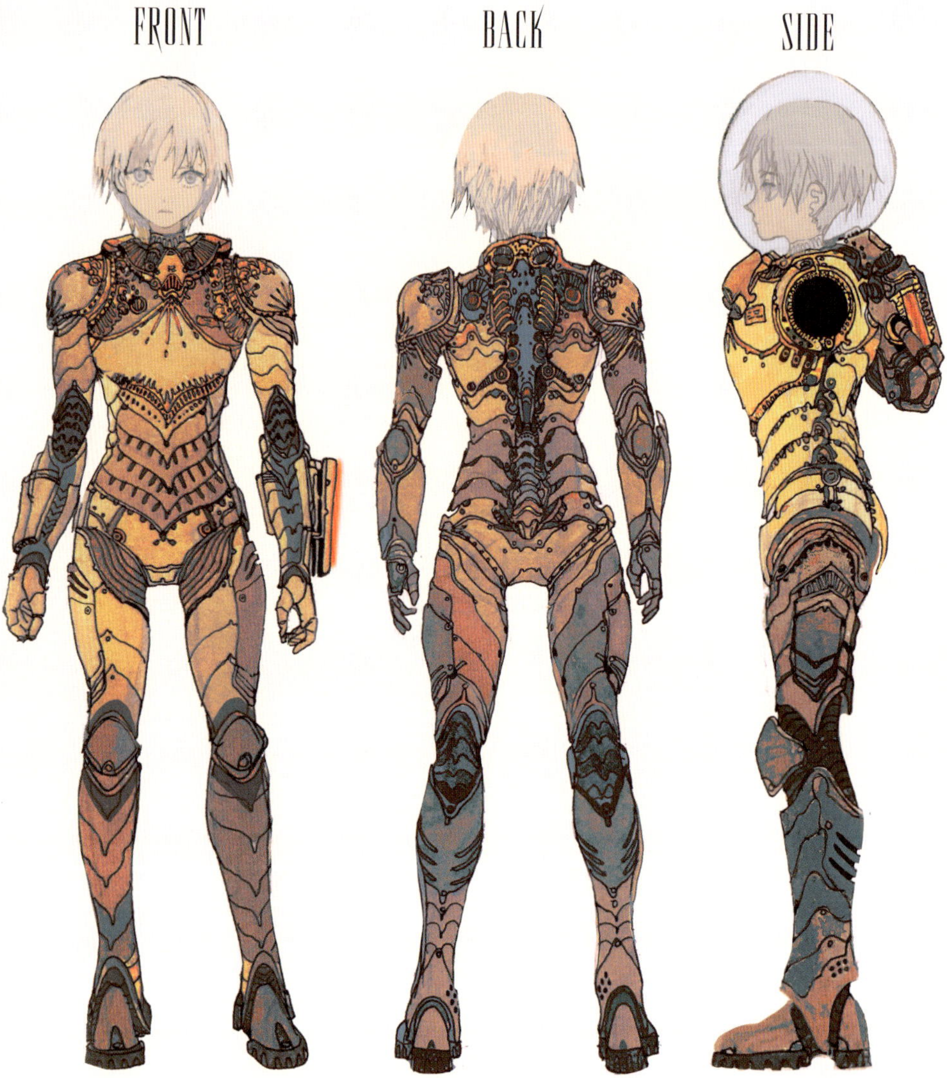

SUITS

防護服

防護服〈探索用〉

性能面、耐久性共に優れた政府支給の探索用防護服。個人で活動していた探索者が政府直属の探索者となった理由のひとつに、このスーツの存在がある。

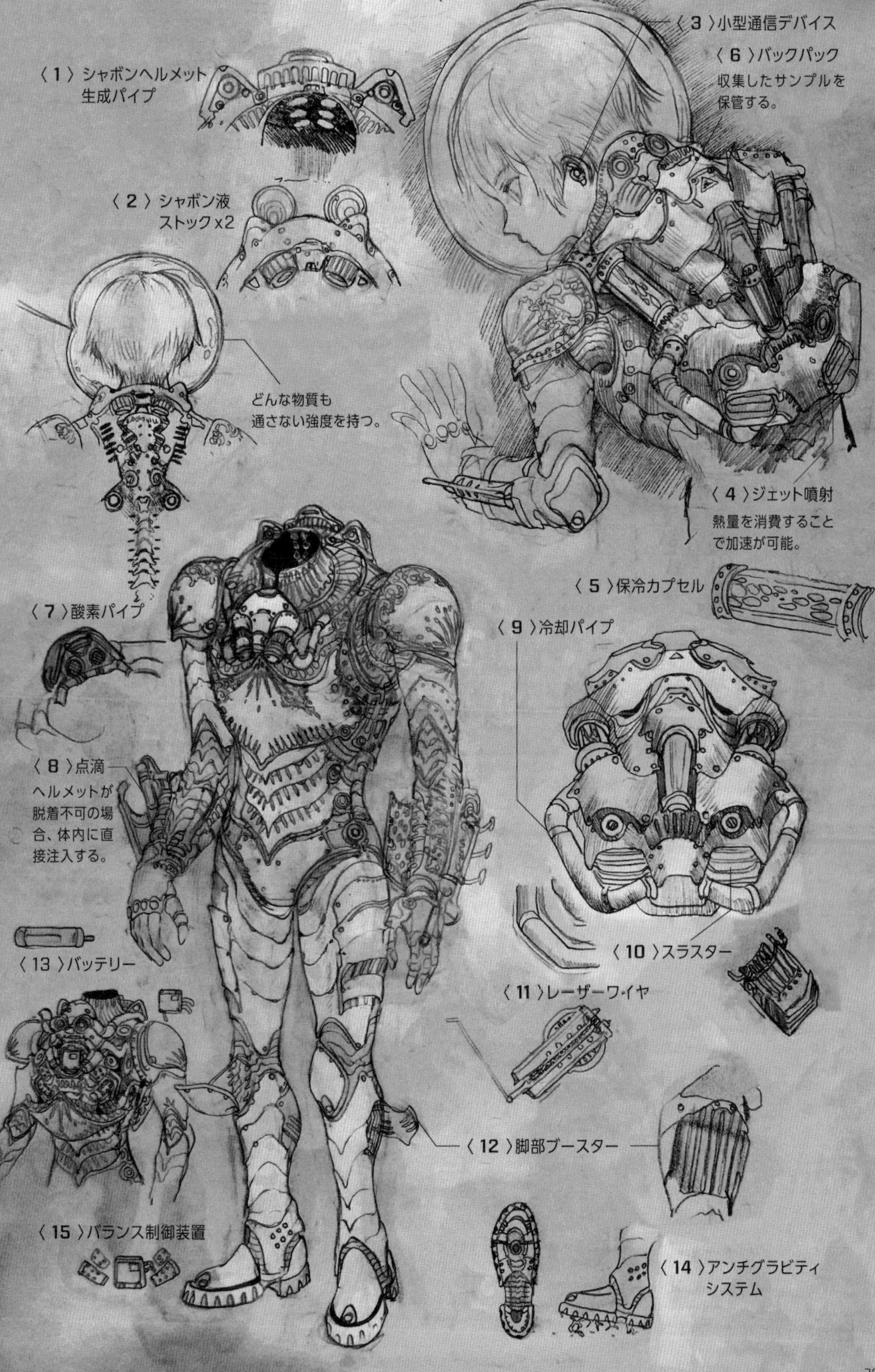
〈 1 〉シャボンヘルメット
生成パイプ
〈 2 〉シャボン液
ストックx2
どんな物質も
通さない強度を持つ。
〈 3 〉小型通信デバイス
〈 6 〉バックパック
収集したサンプルを
保管する。
〈 4 〉ジェット噴射
熱量を消費することで加速が可能。
〈 5 〉保冷カプセル
〈 7 〉酸素パイプ
〈 8 〉点滴
ヘルメットが
脱着不可の場
合、体内に直
接注入する。
〈 9 〉冷却パイプ
〈 10 〉スラスター
〈 11 〉レーザーワイヤ
〈 12 〉脚部ブースター
〈 13 〉バッテリー
〈 14 〉アンチグラビティ
システム
〈 15 〉バランス制御装置

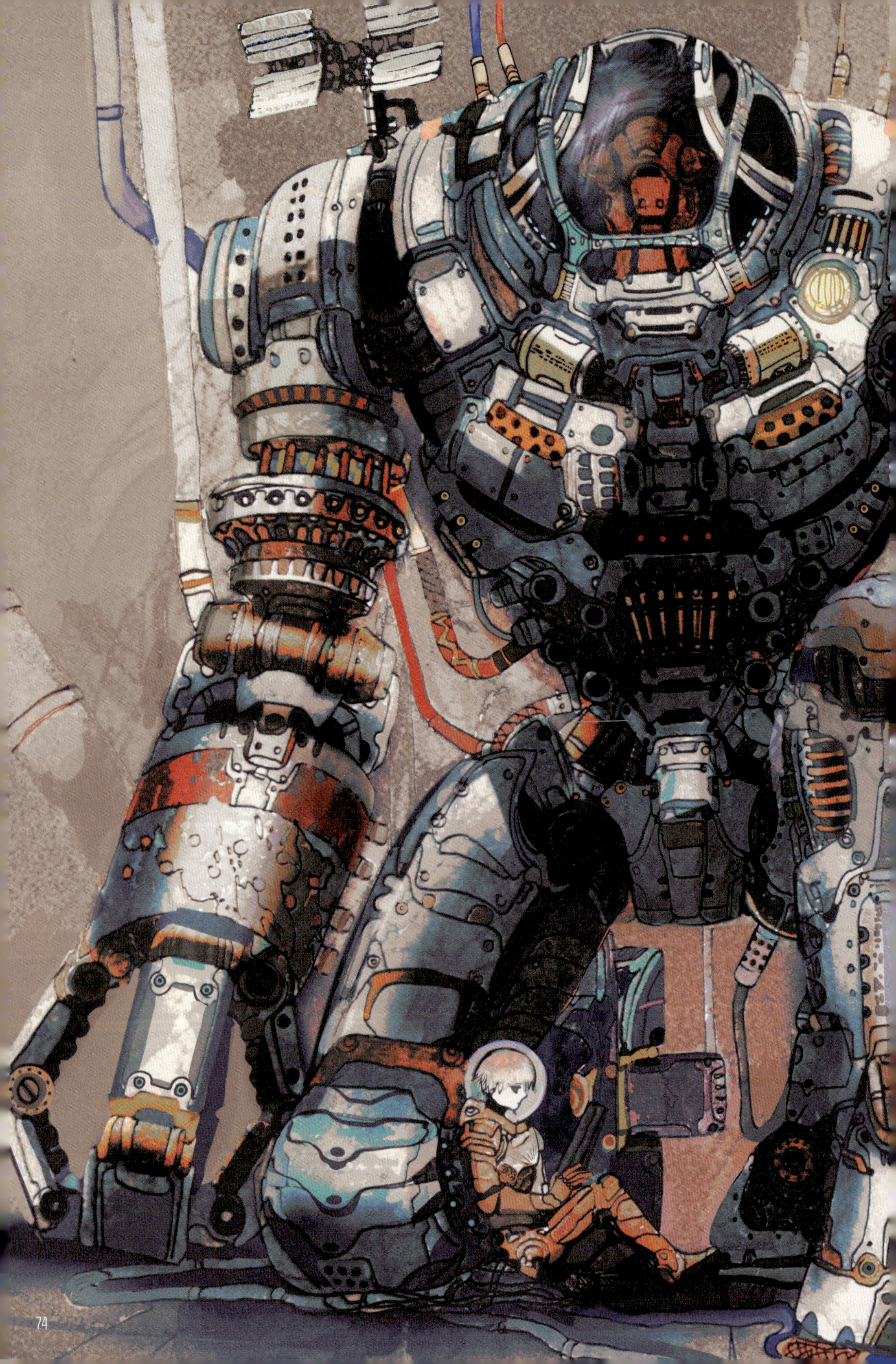

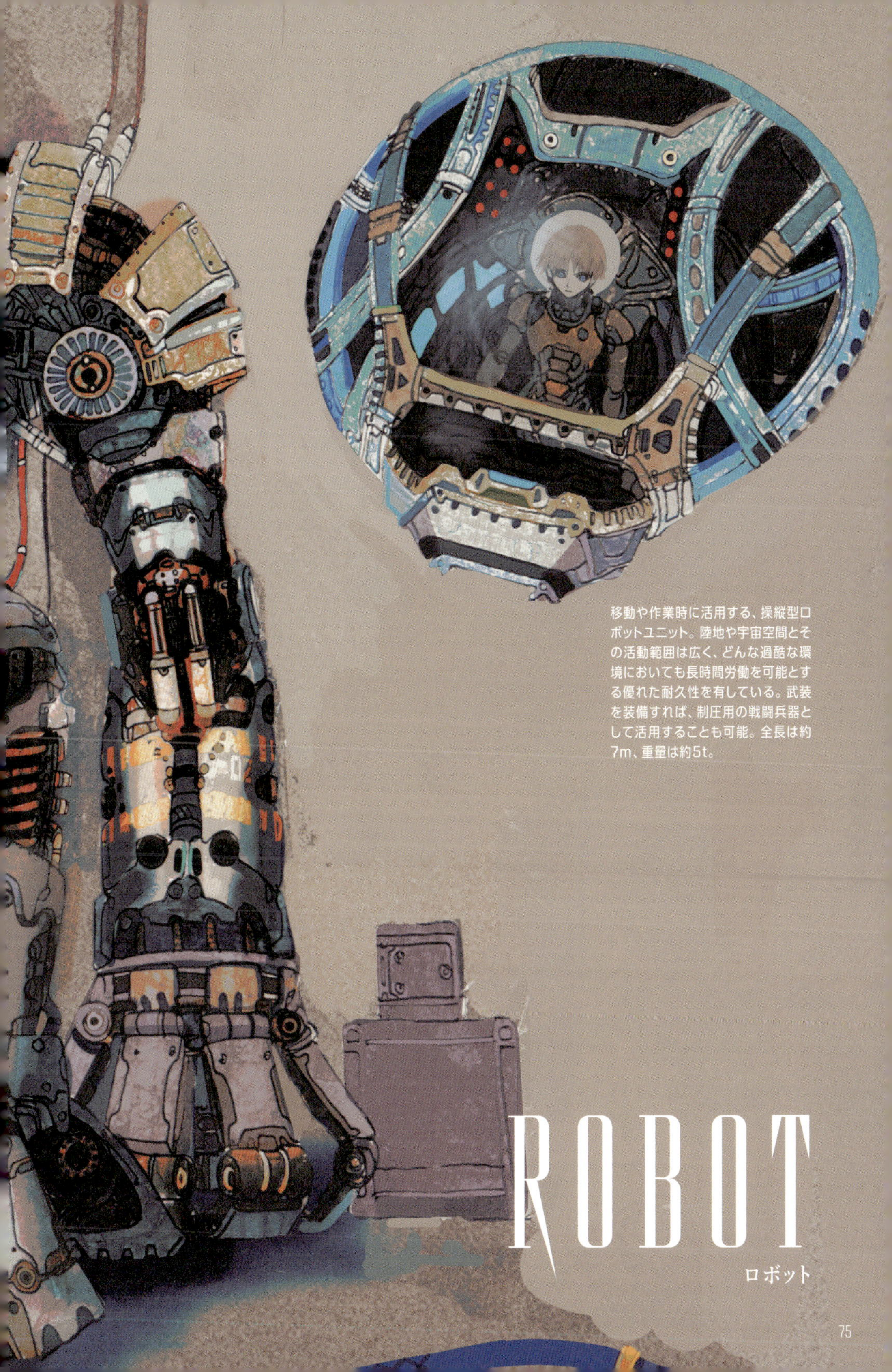

移動や作業時に活用する、操縦型ロボットユニット。陸地や宇宙空間とその活動範囲は広く、どんな過酷な環境においても長時間労働を可能とする優れた耐久性を有している。武装を装備すれば、制圧用の戦闘兵器として活用することも可能。全長は約7m、重量は約5t。

ROBOT
ロボット

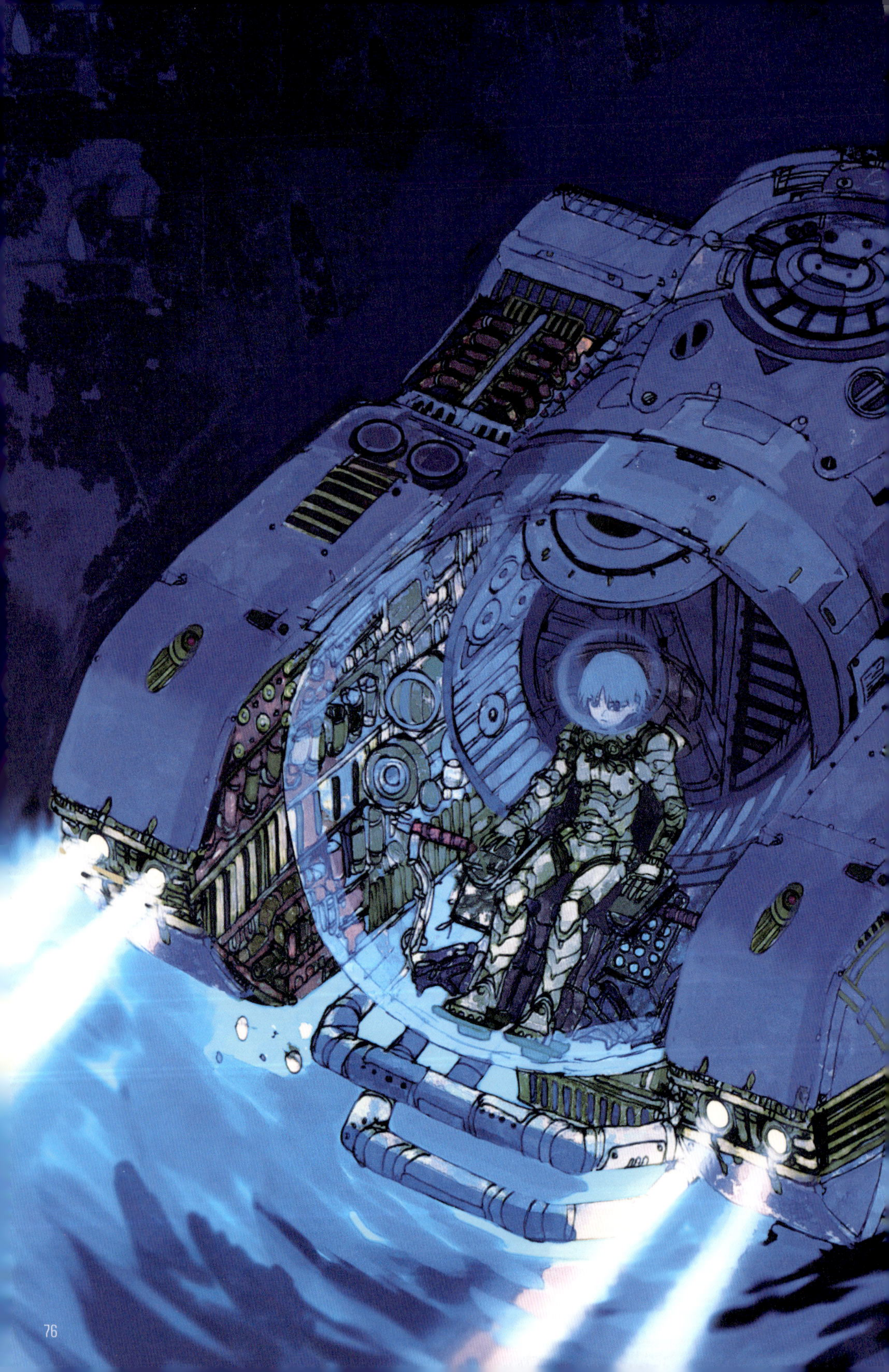

SUBMARINE

潜水艦

水中での探索を想定し作られた、1人または2人乗り潜水ユニット。基本装備として魚雷、放電グレネードが装備されている。全長は約4m、最大水中速度は約40kt、最大潜航深度は約12,000m。

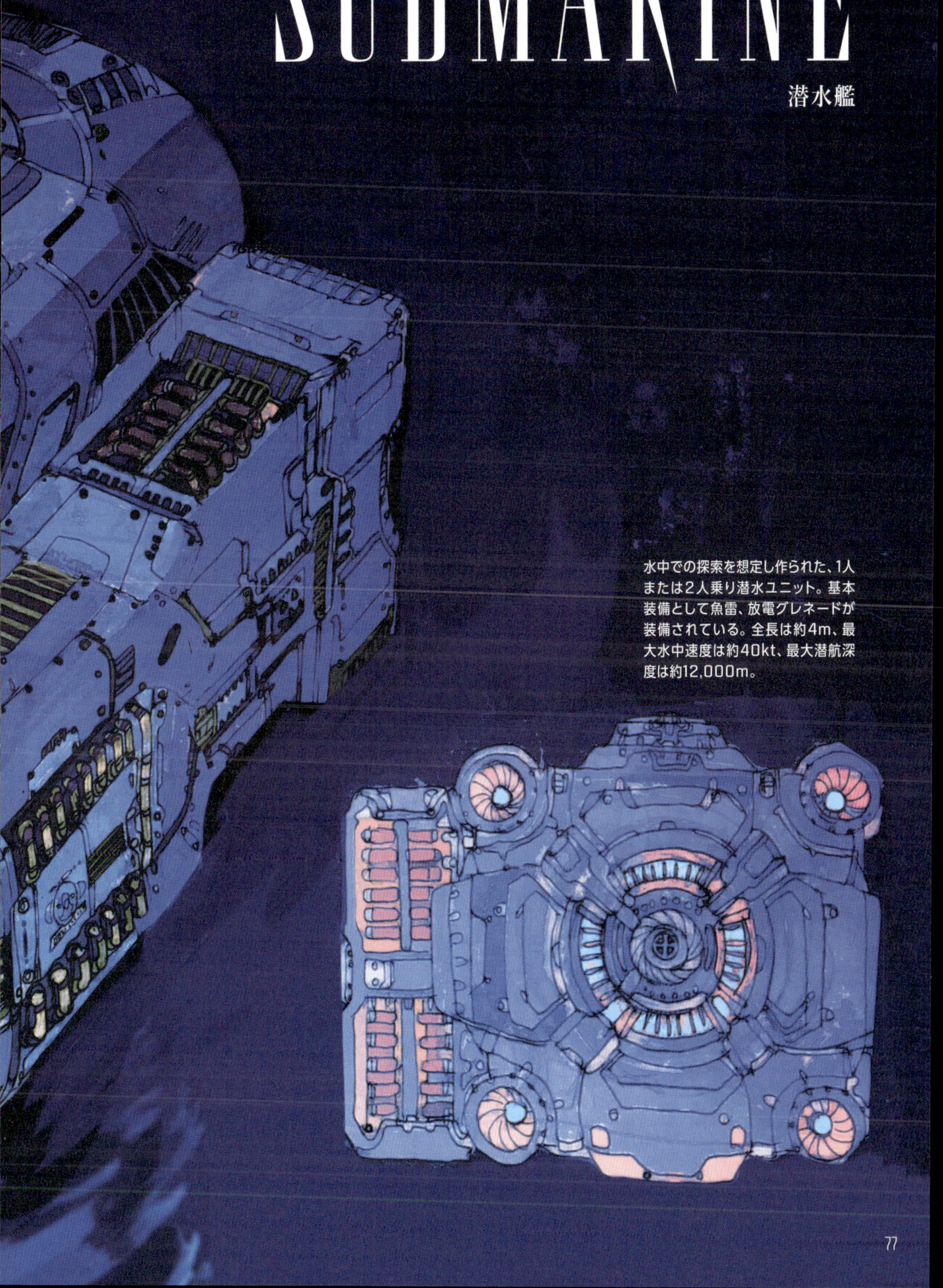

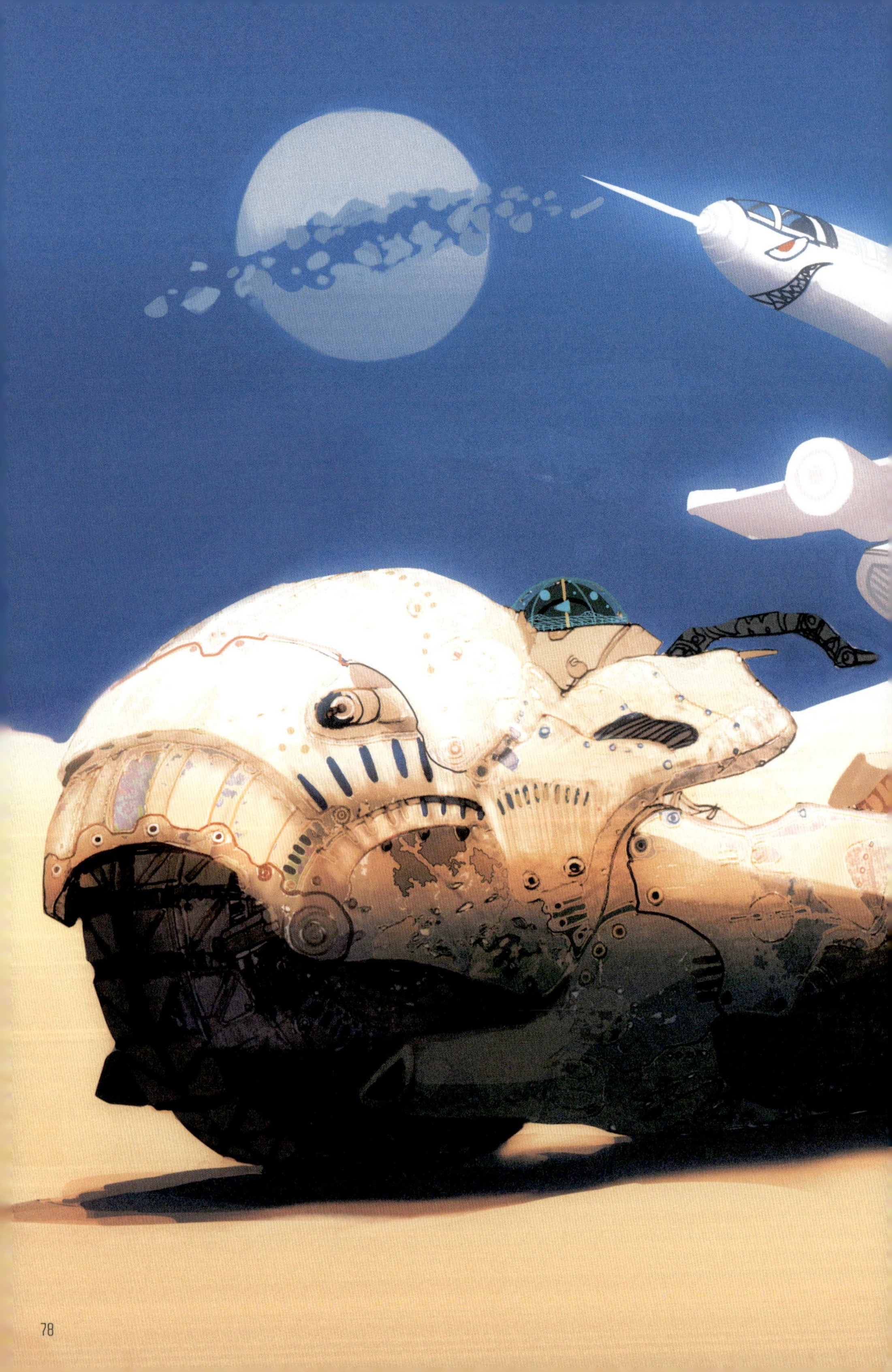

BIKE

バイク

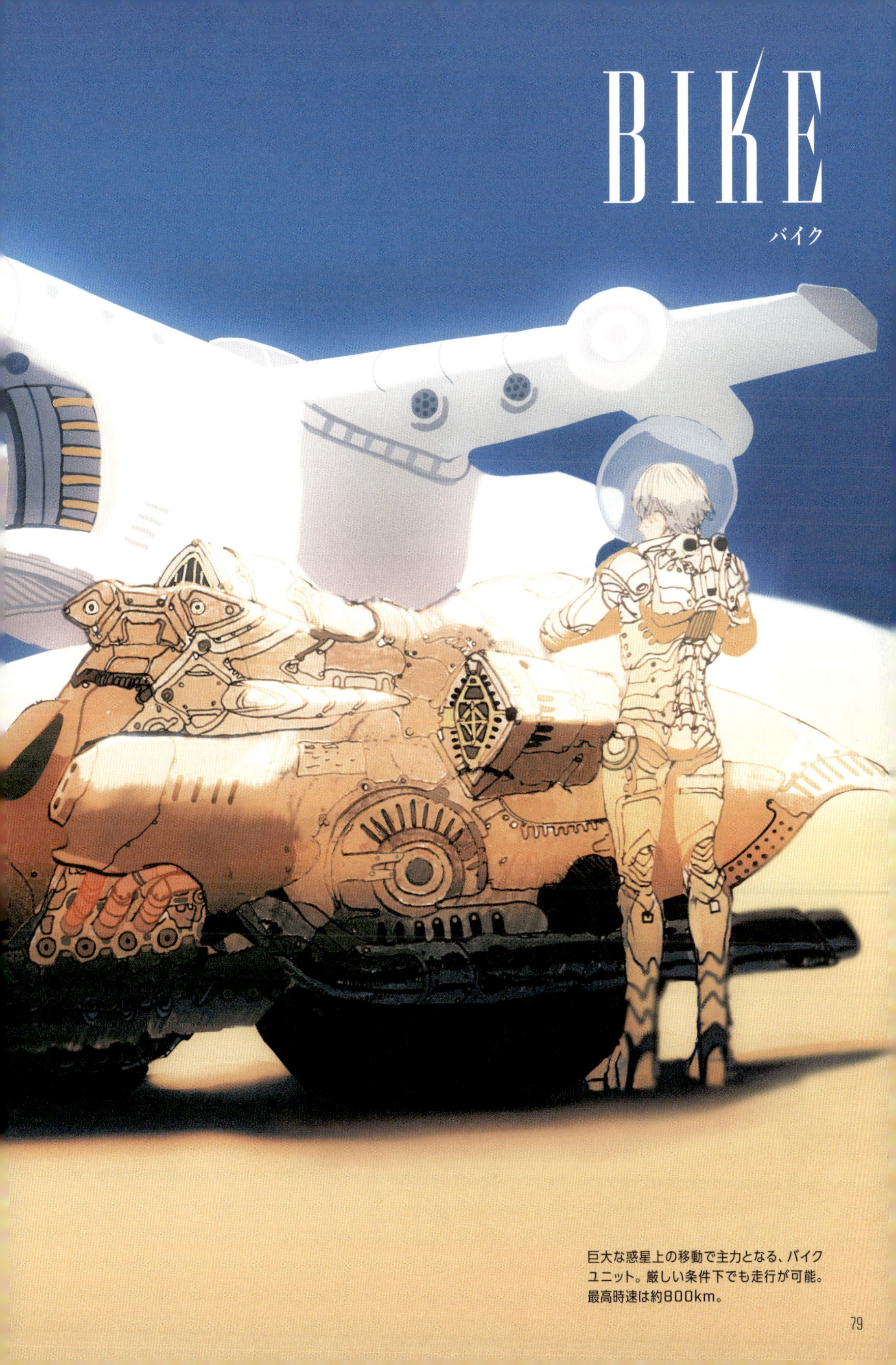

巨大な惑星上の移動で主力となる、バイクユニット。厳しい条件下でも走行が可能。最高時速は約800km。

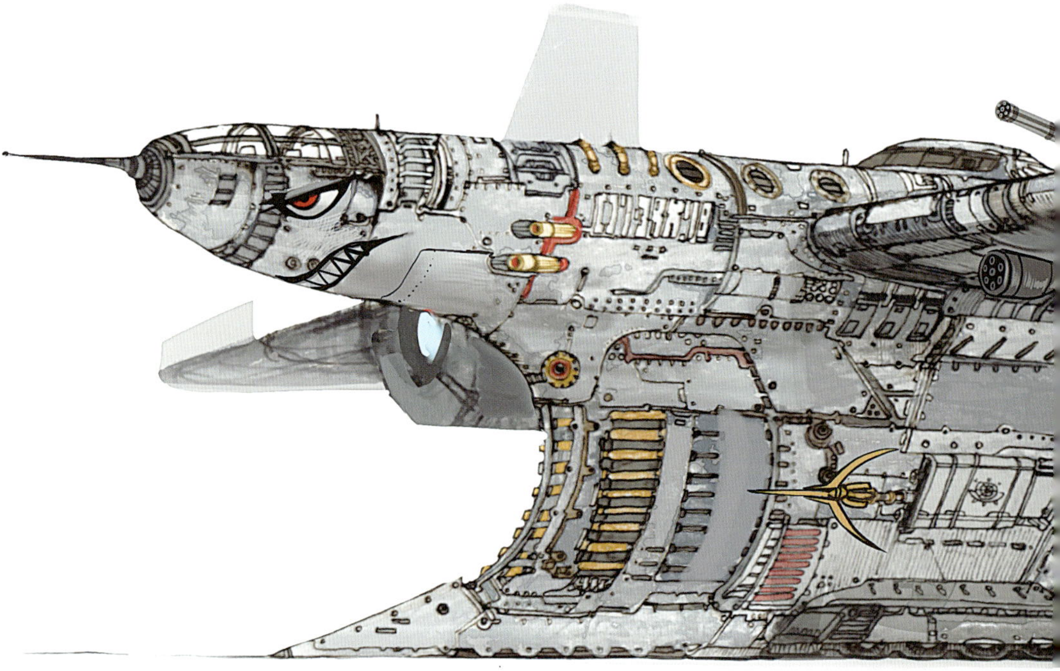

SPACESHIP

宇宙船

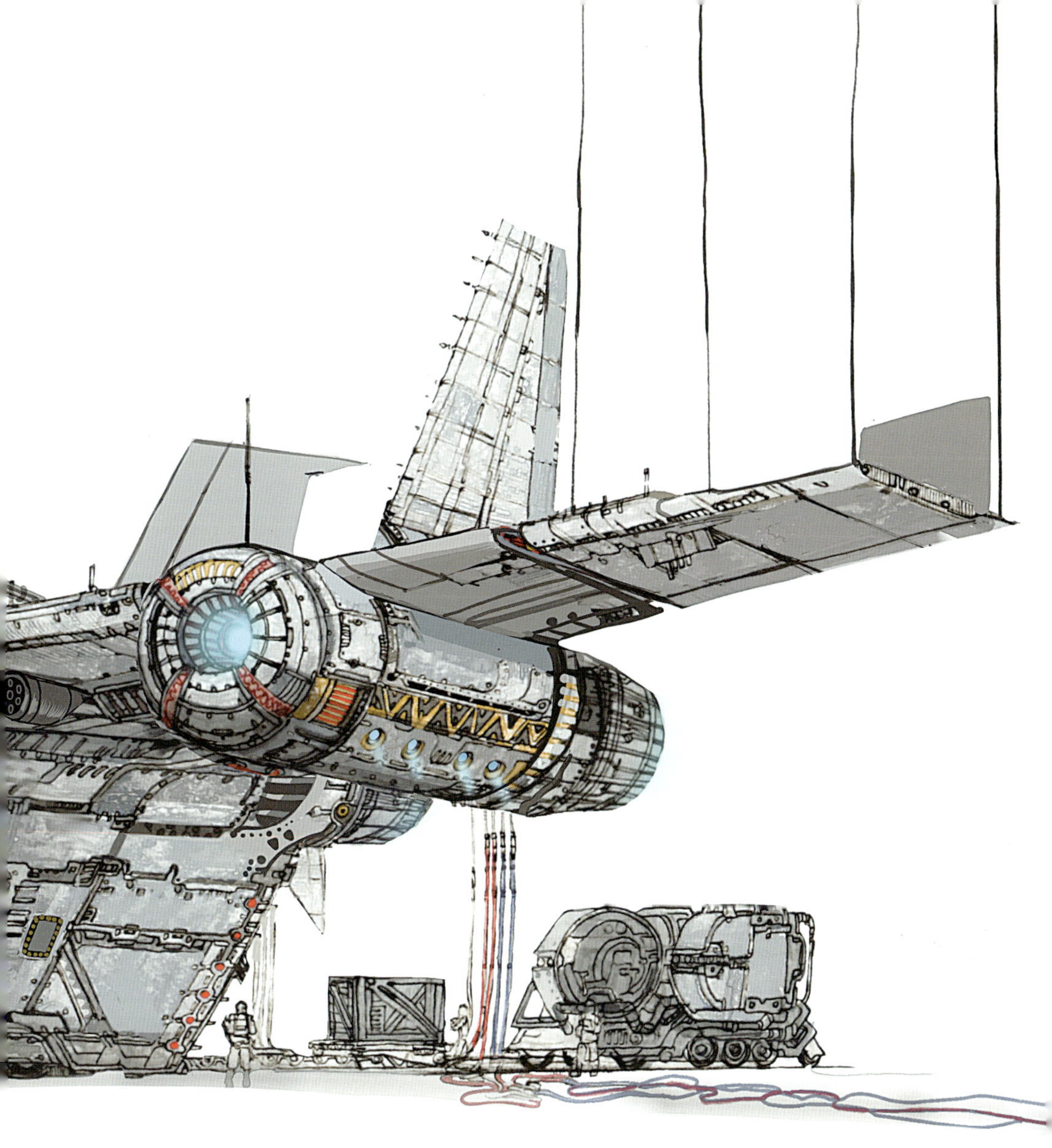

SPACESHIP

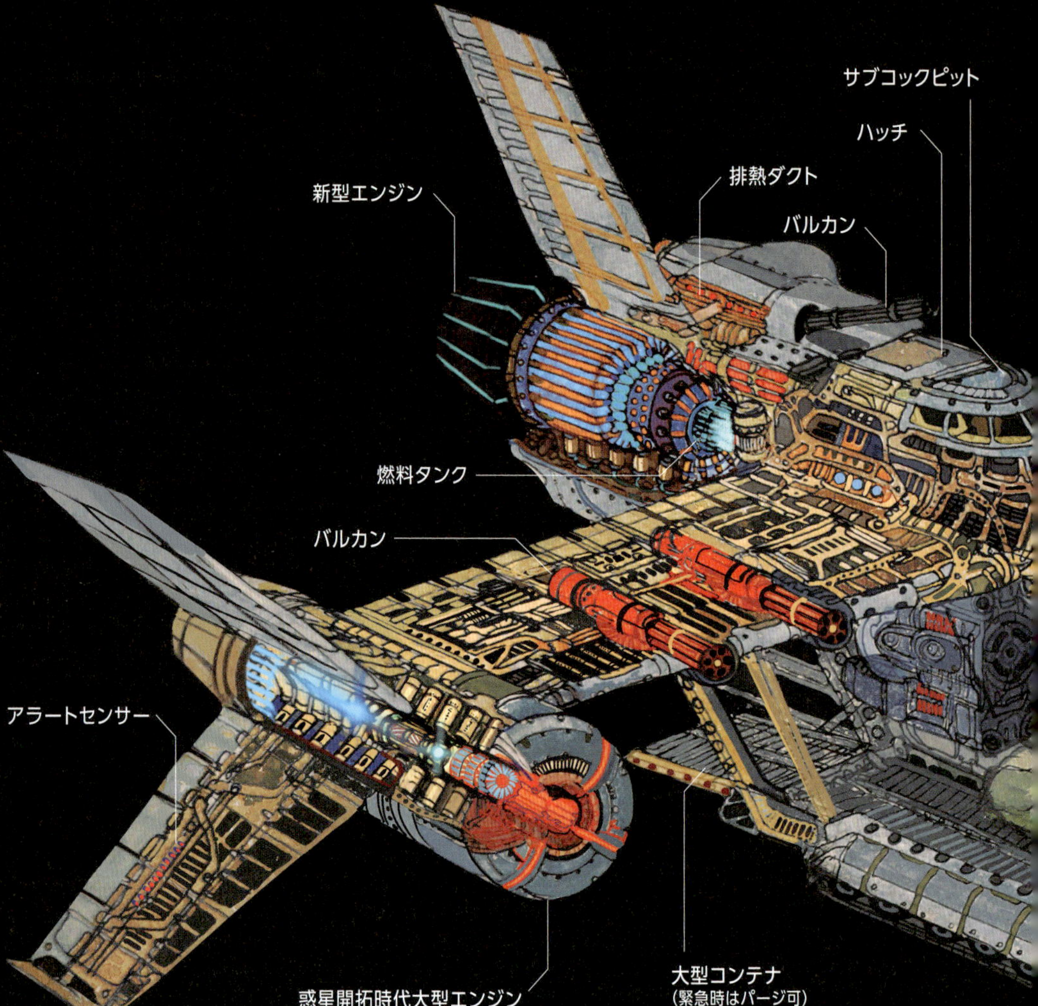

—P-250—

探索者が個人で所有している宇宙船。
同年代の型に比べて極めて旧型である。

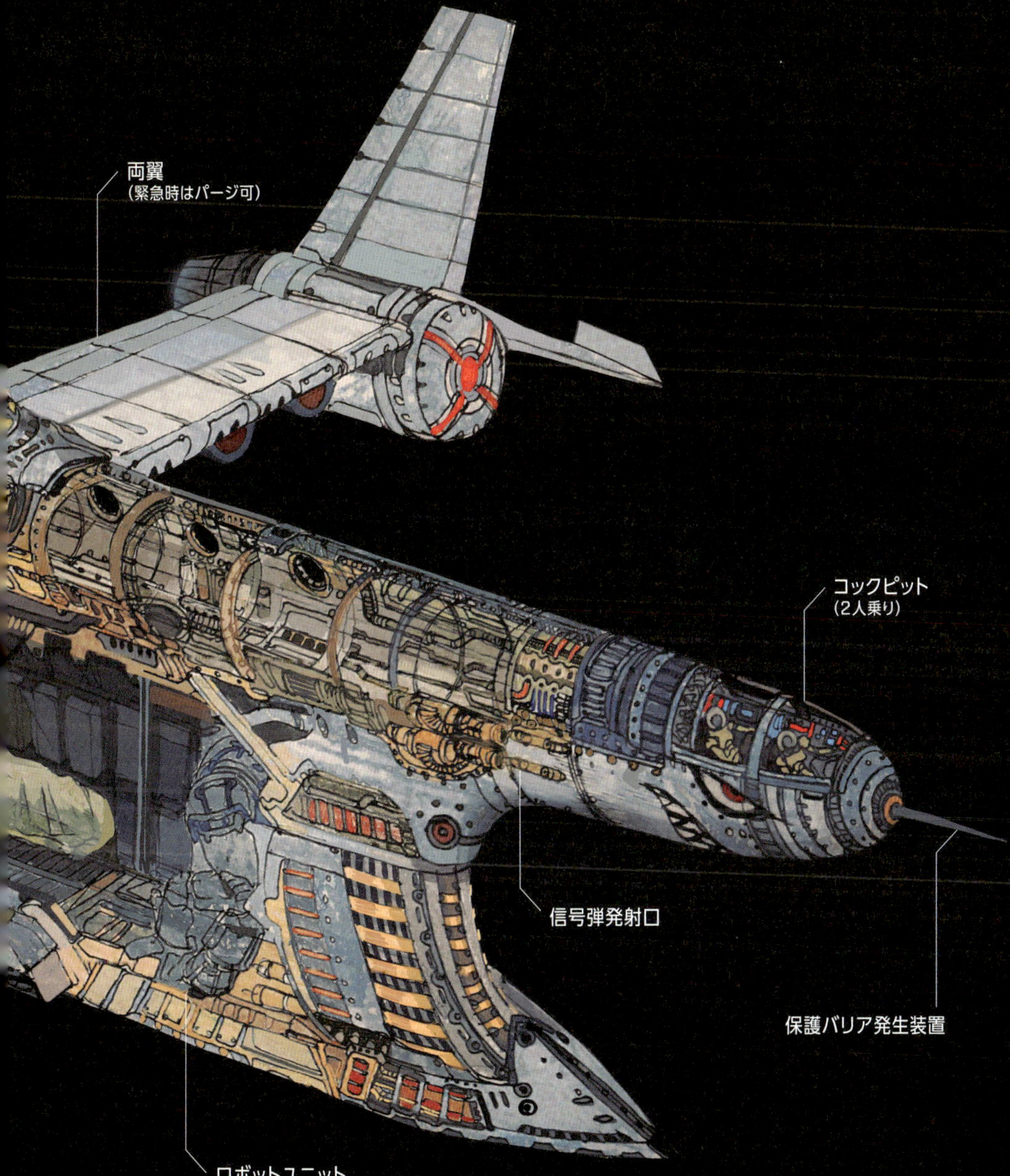
両翼
(緊急時はパージ可)
コックピット
(2人乗り)
信号弾発射口
保護バリア発生装置
ロボットユニット

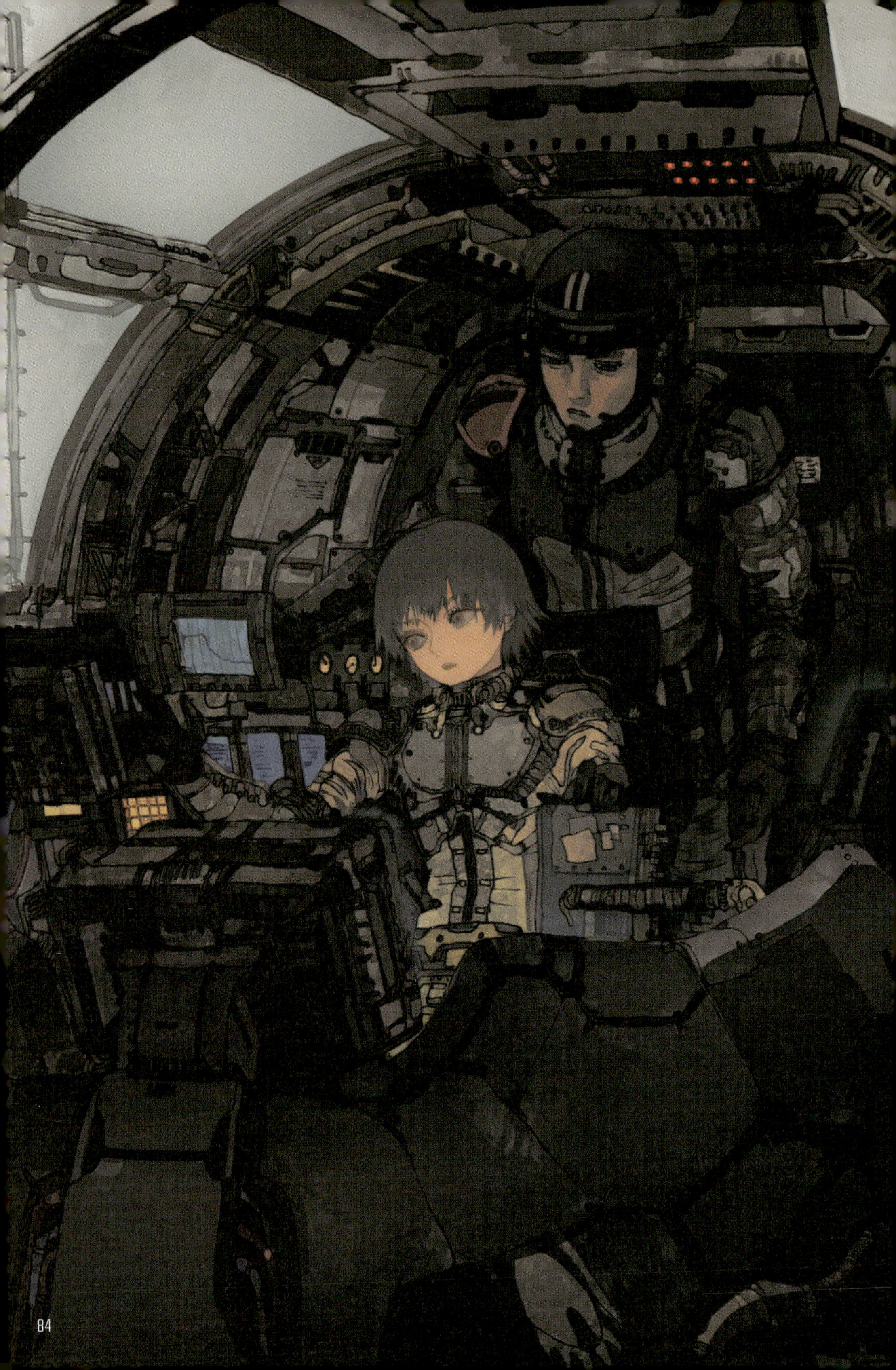

SPACESHIP

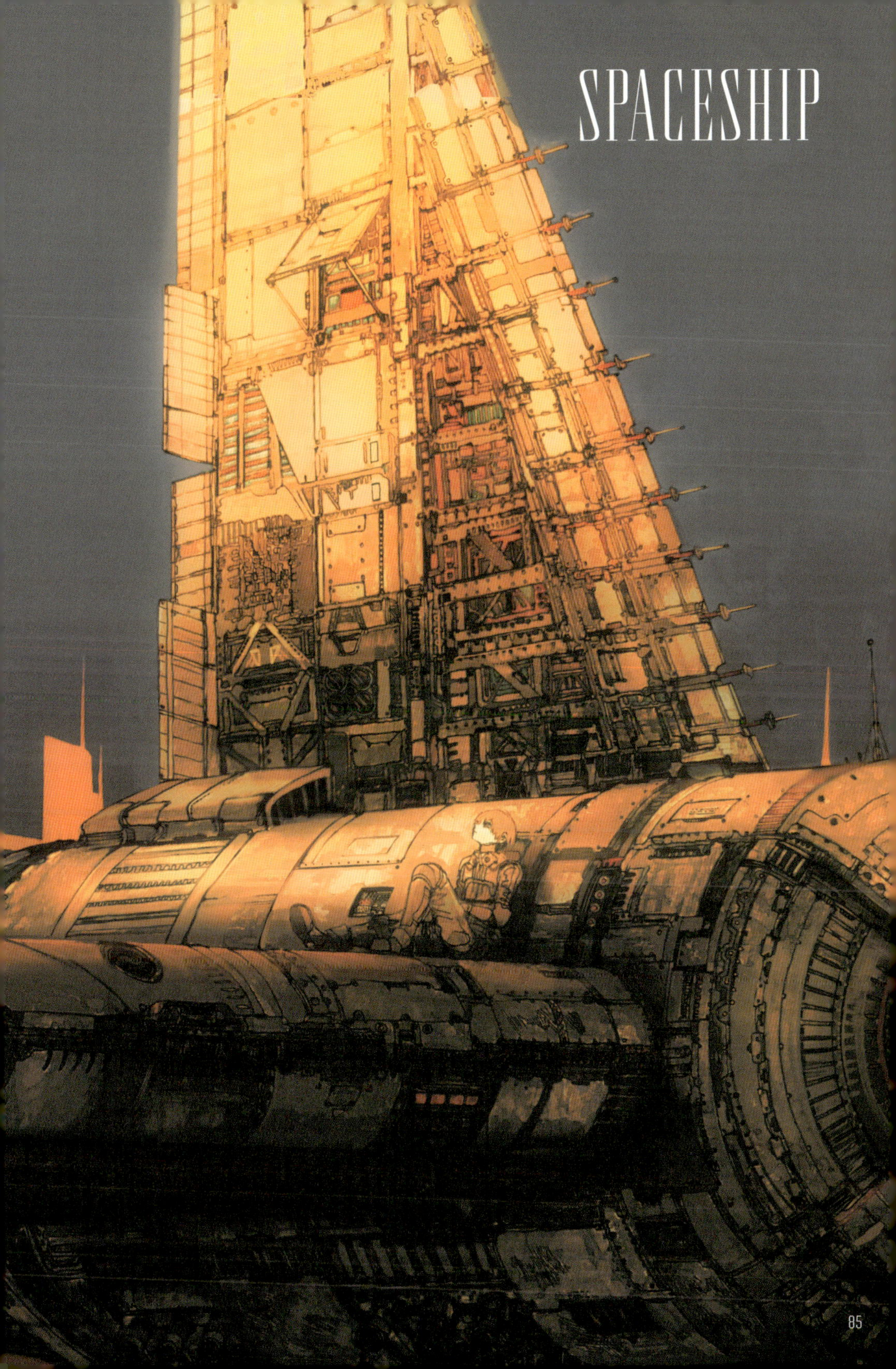

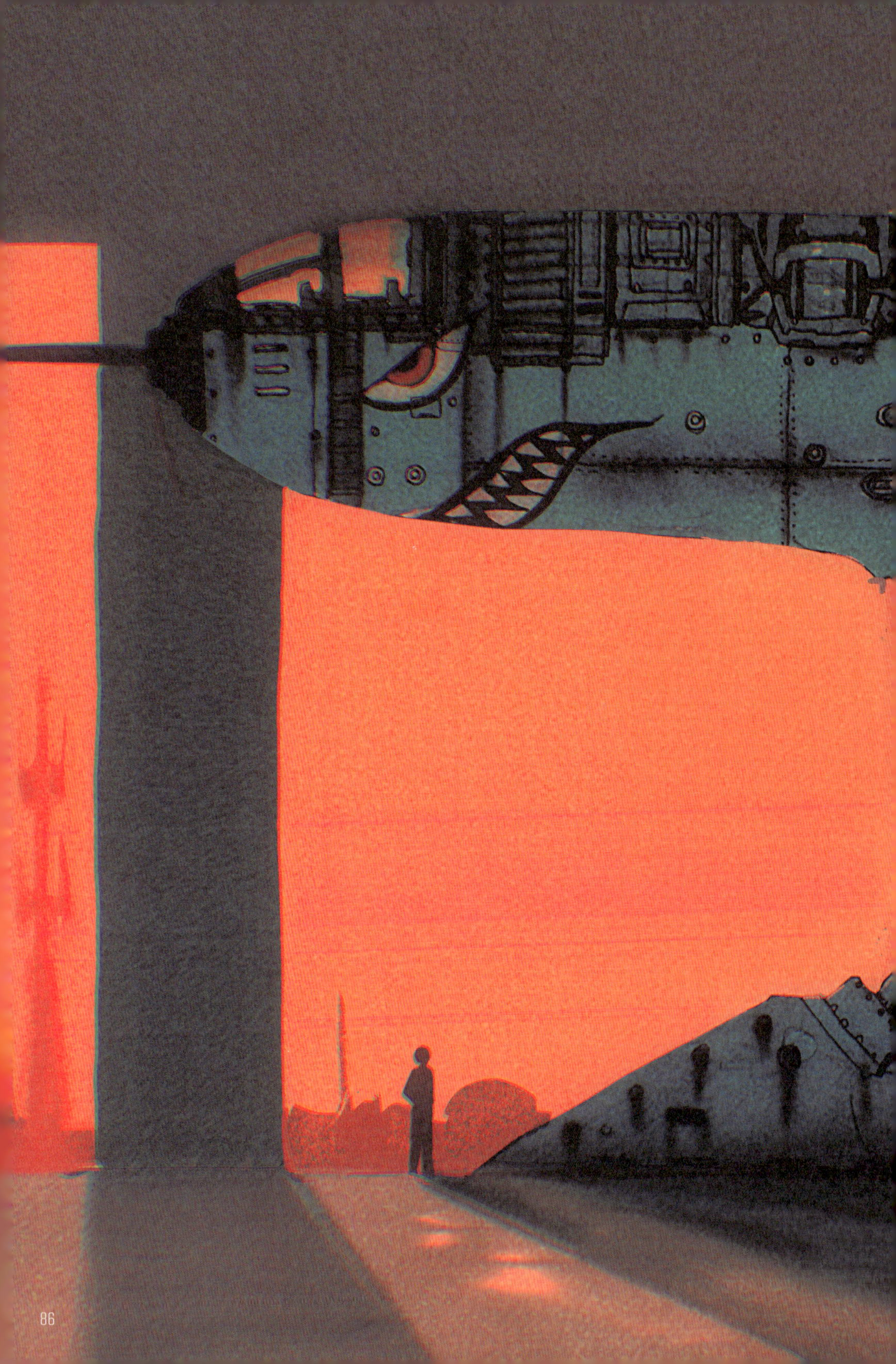

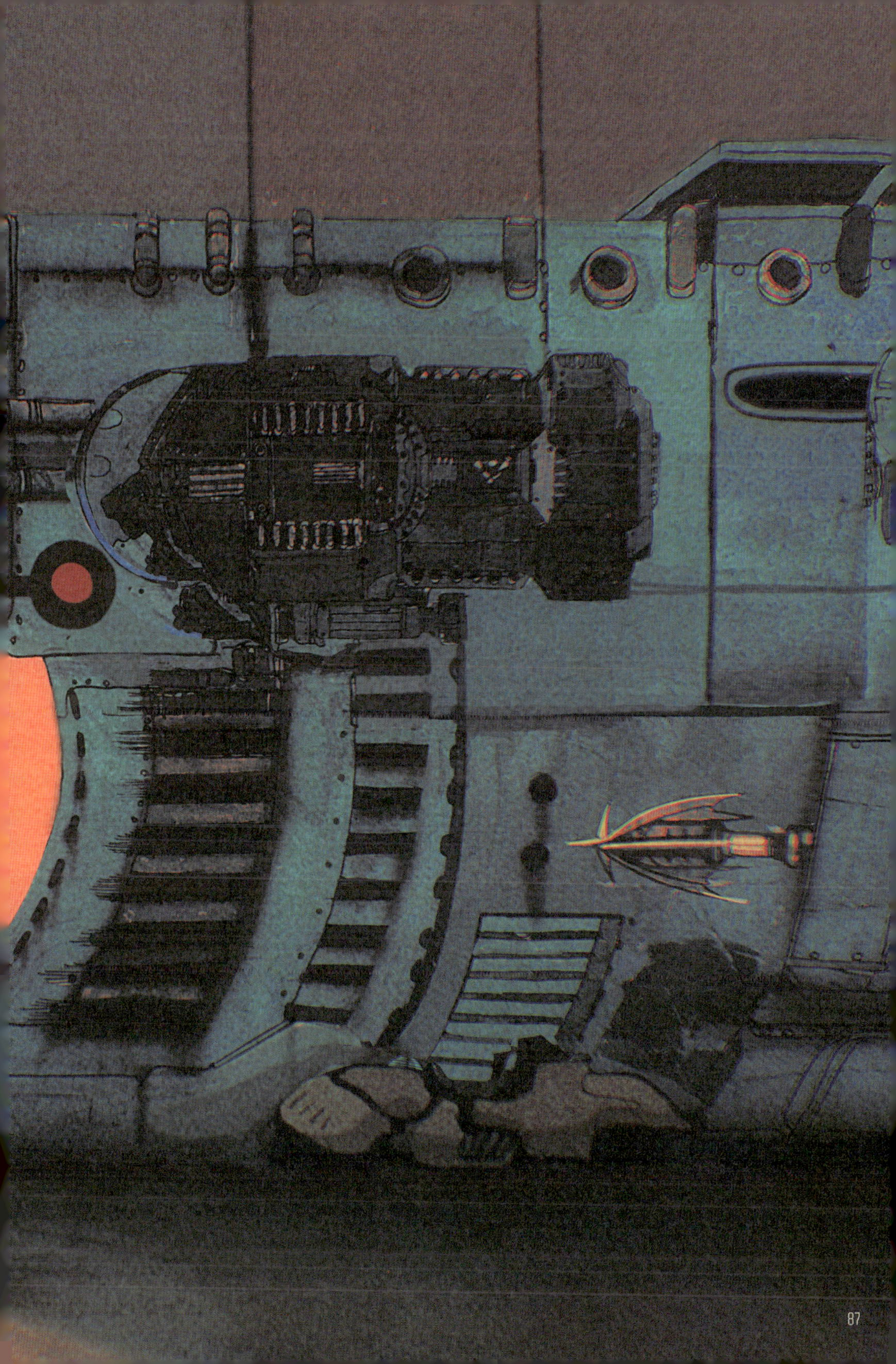

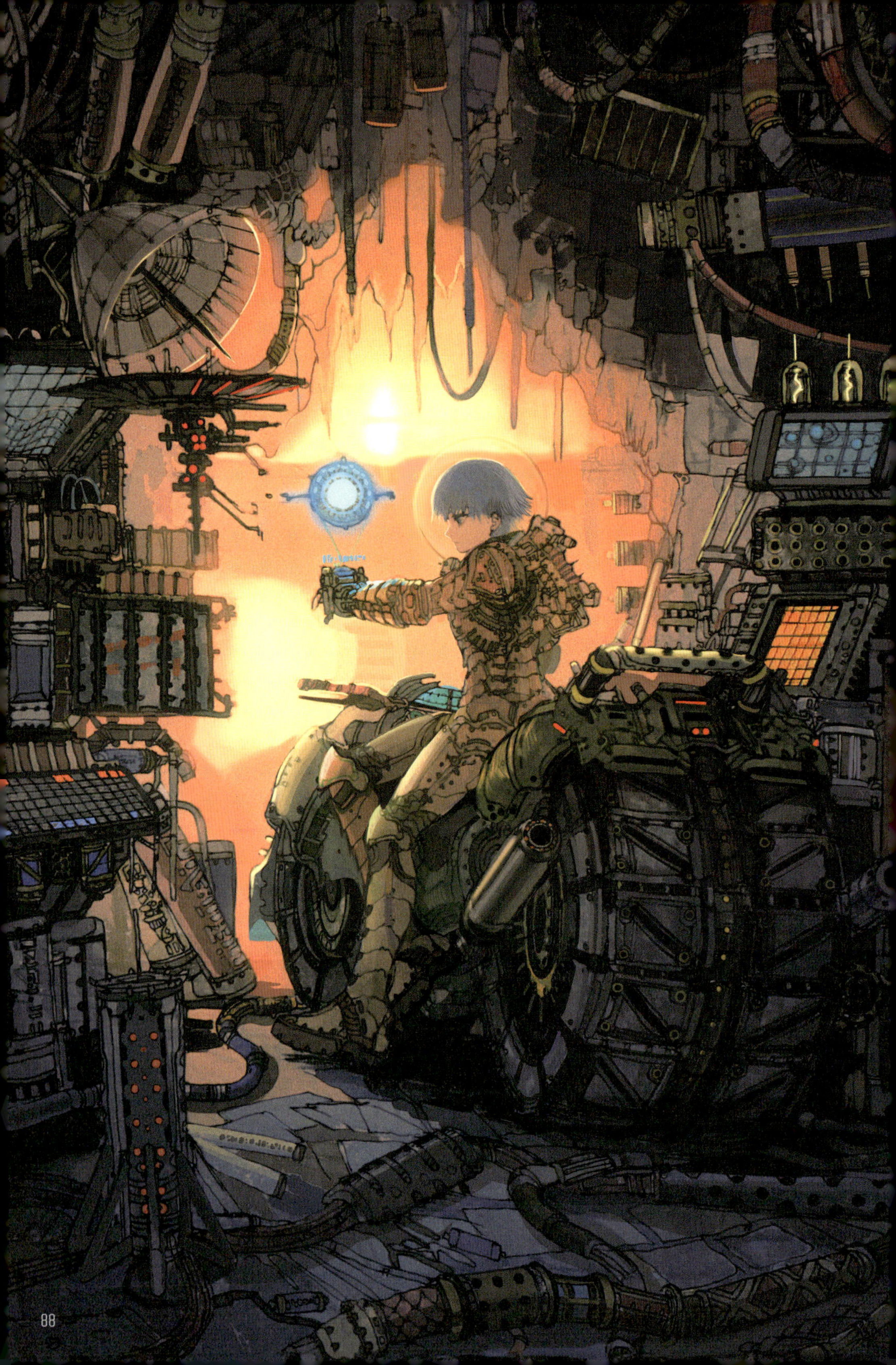

3. DRAWING

SKETCH NOTES スケッチノート

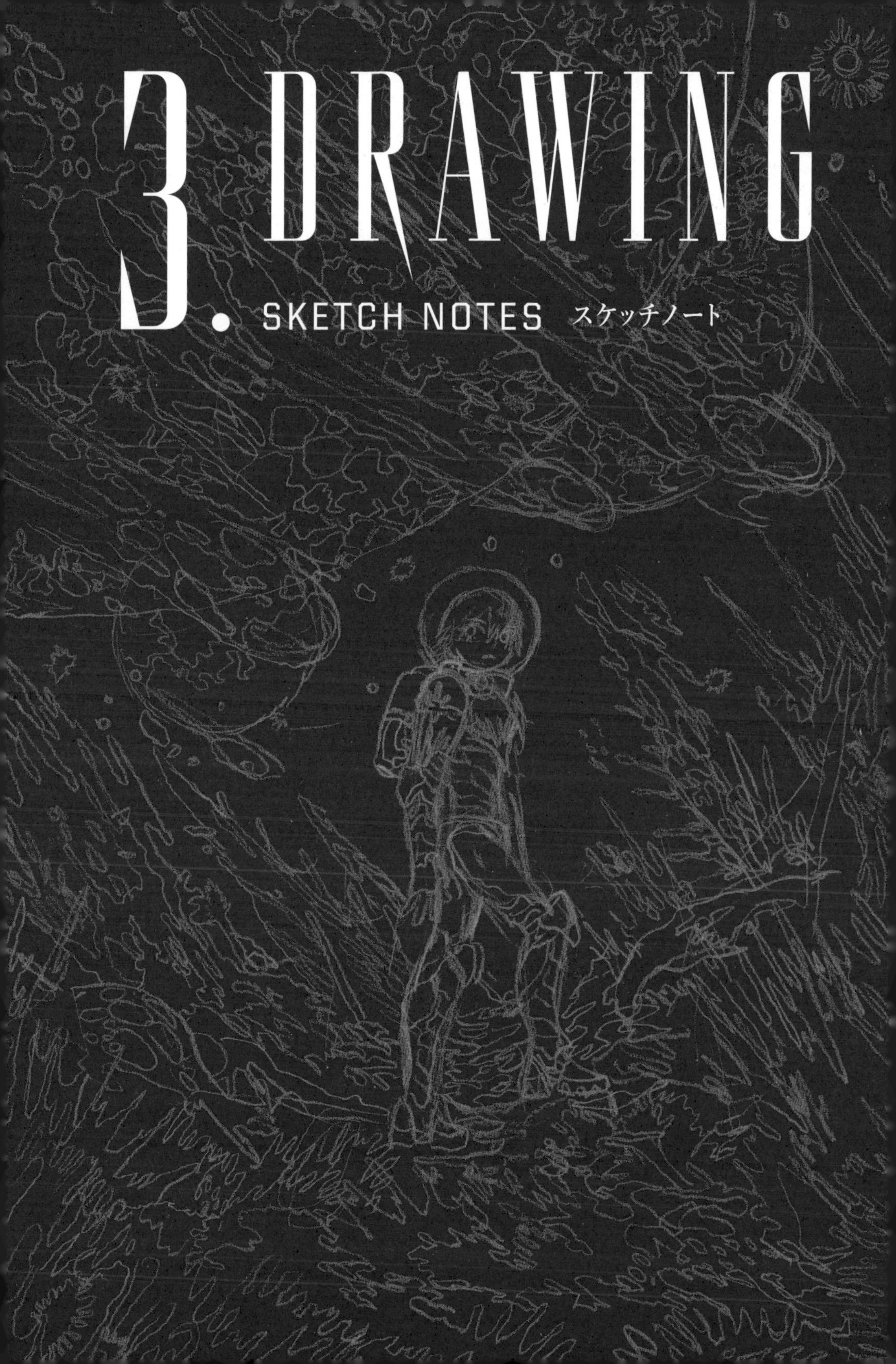

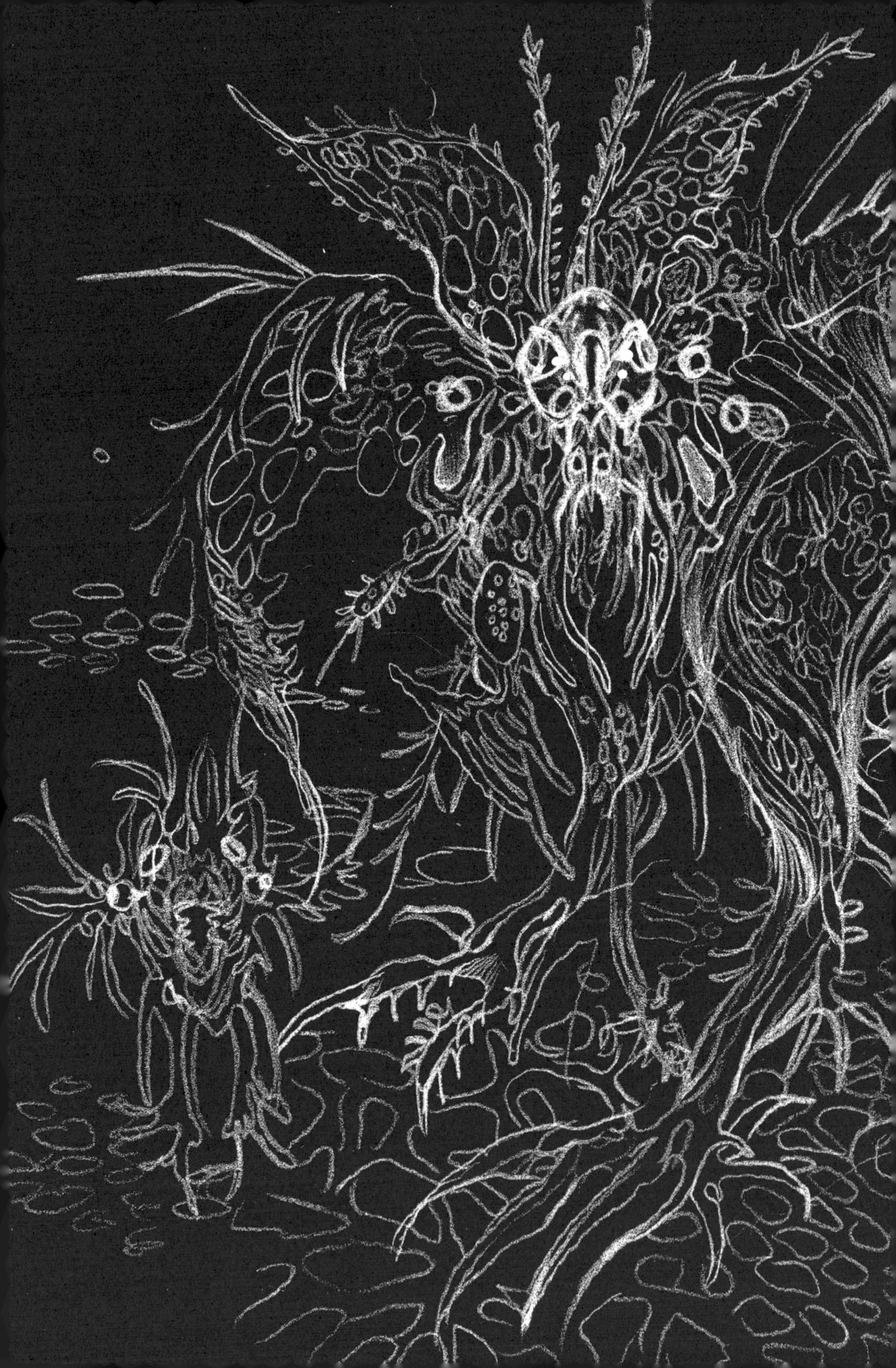

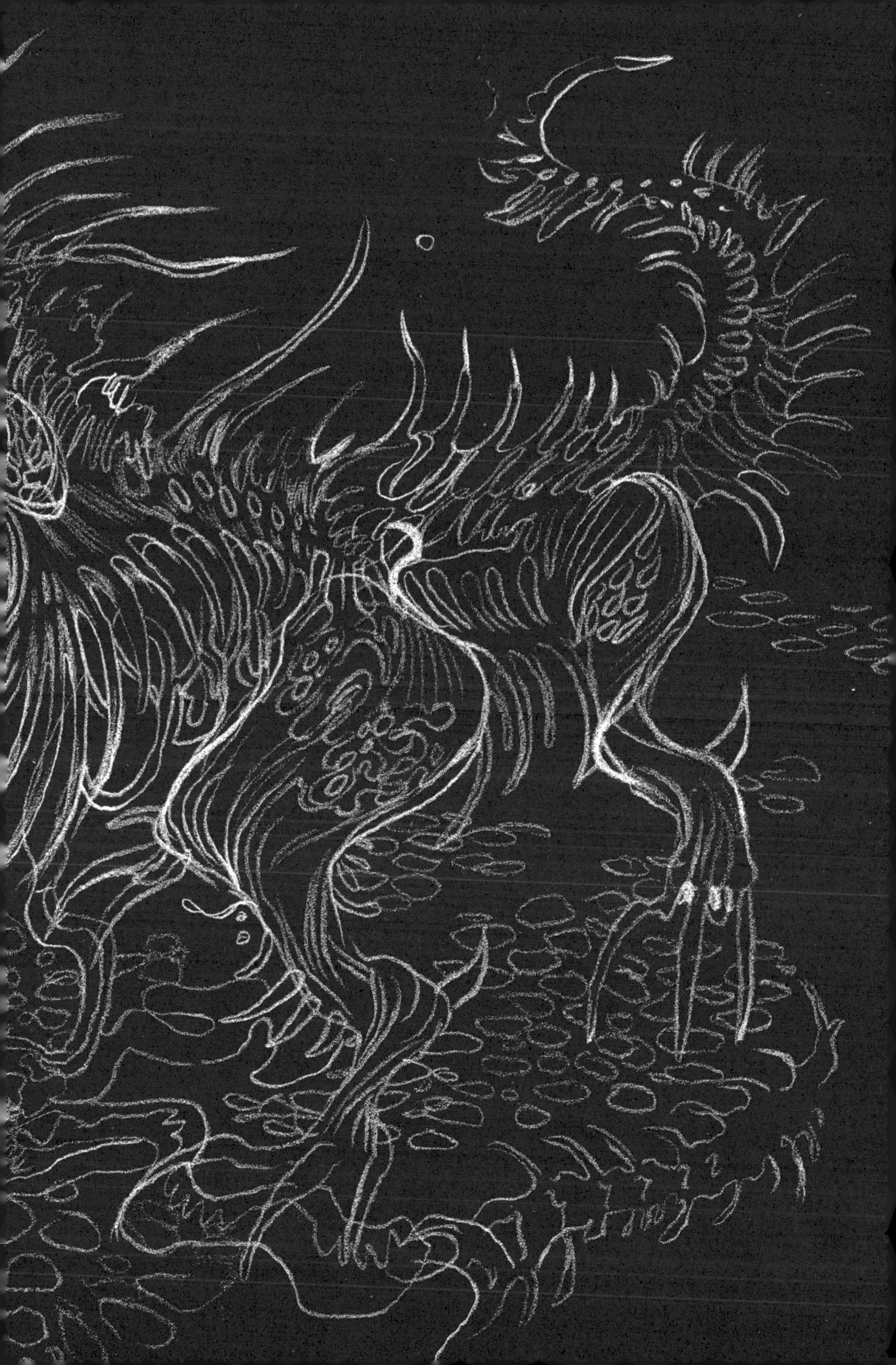

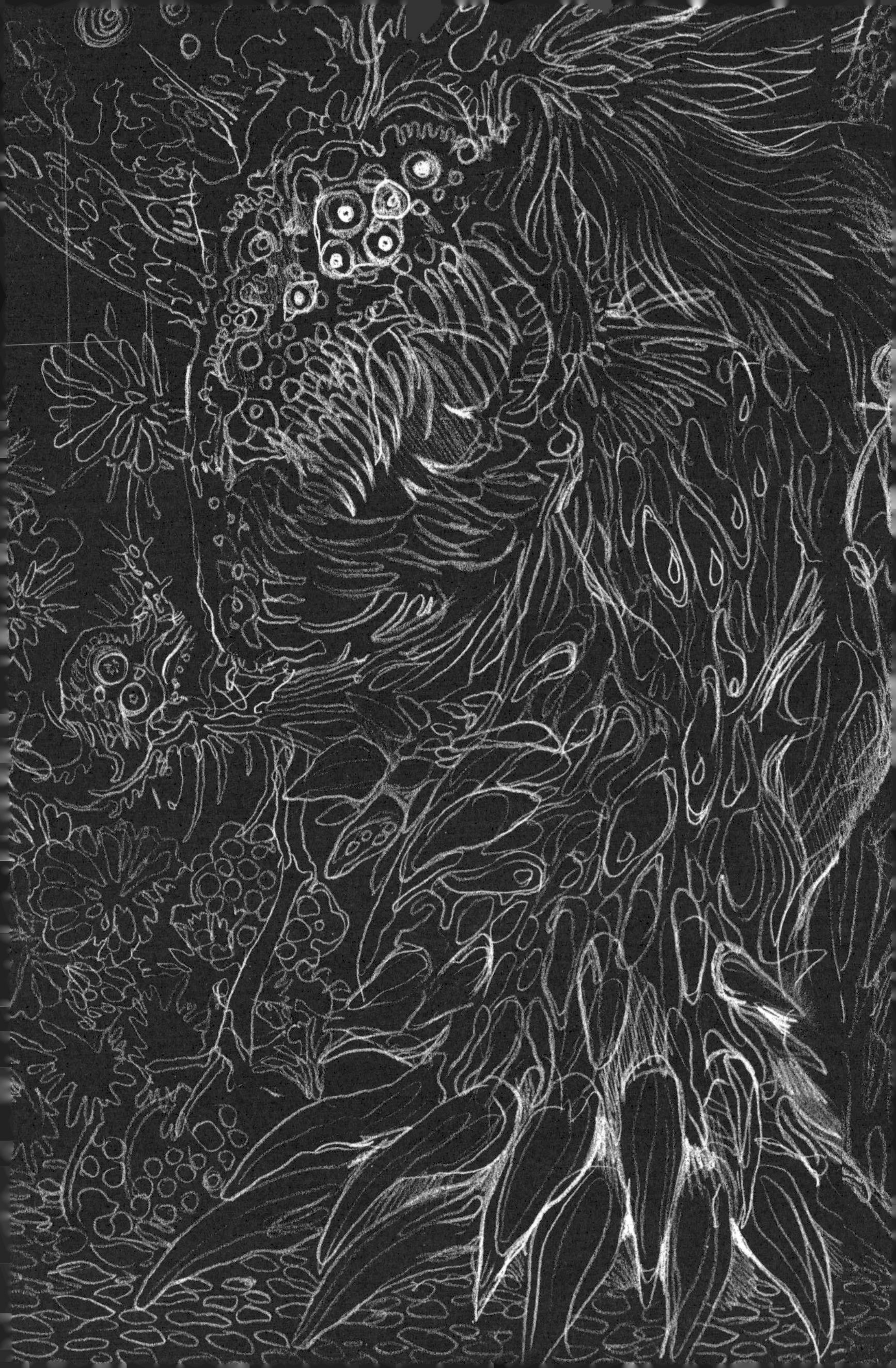

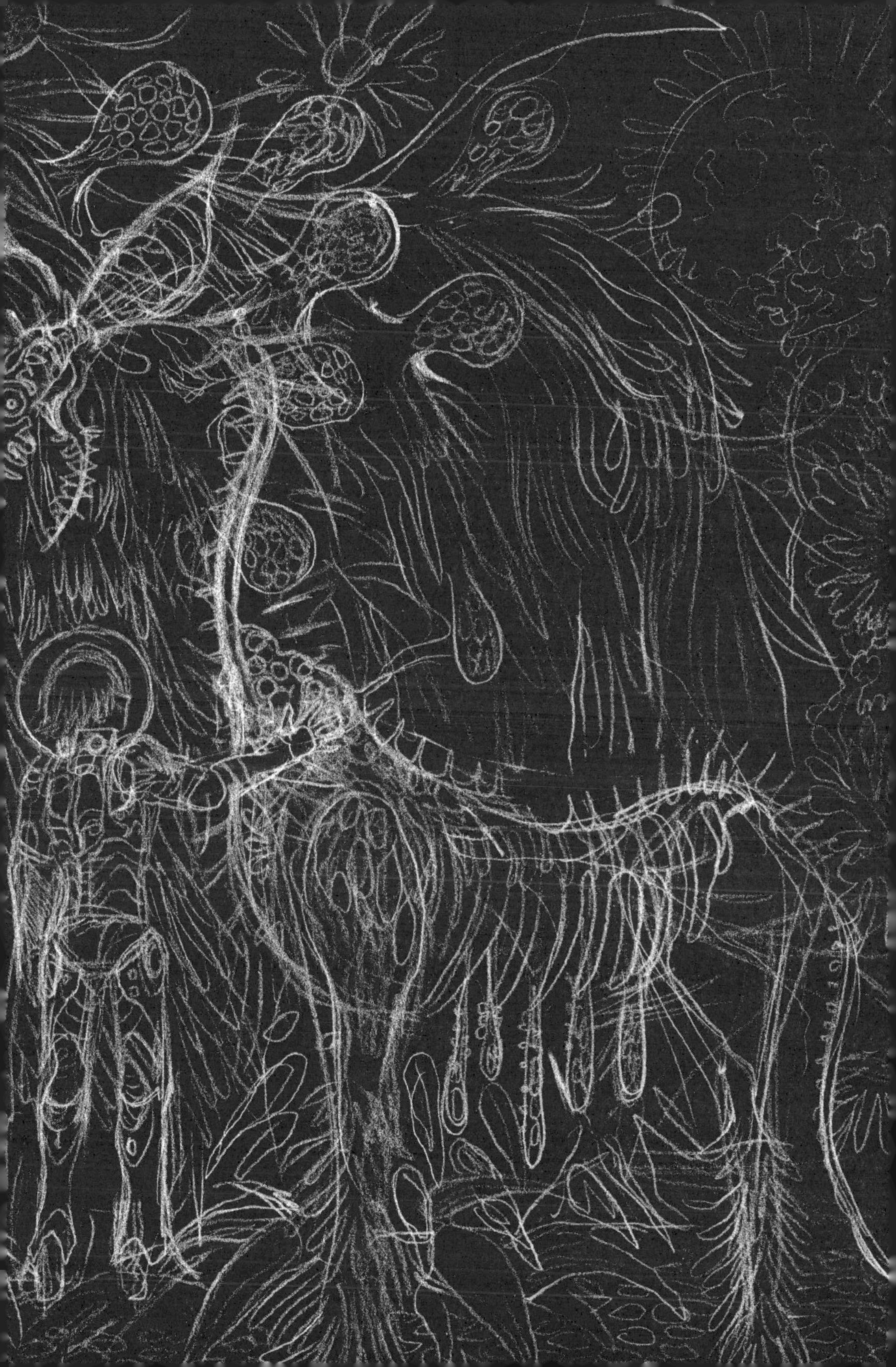

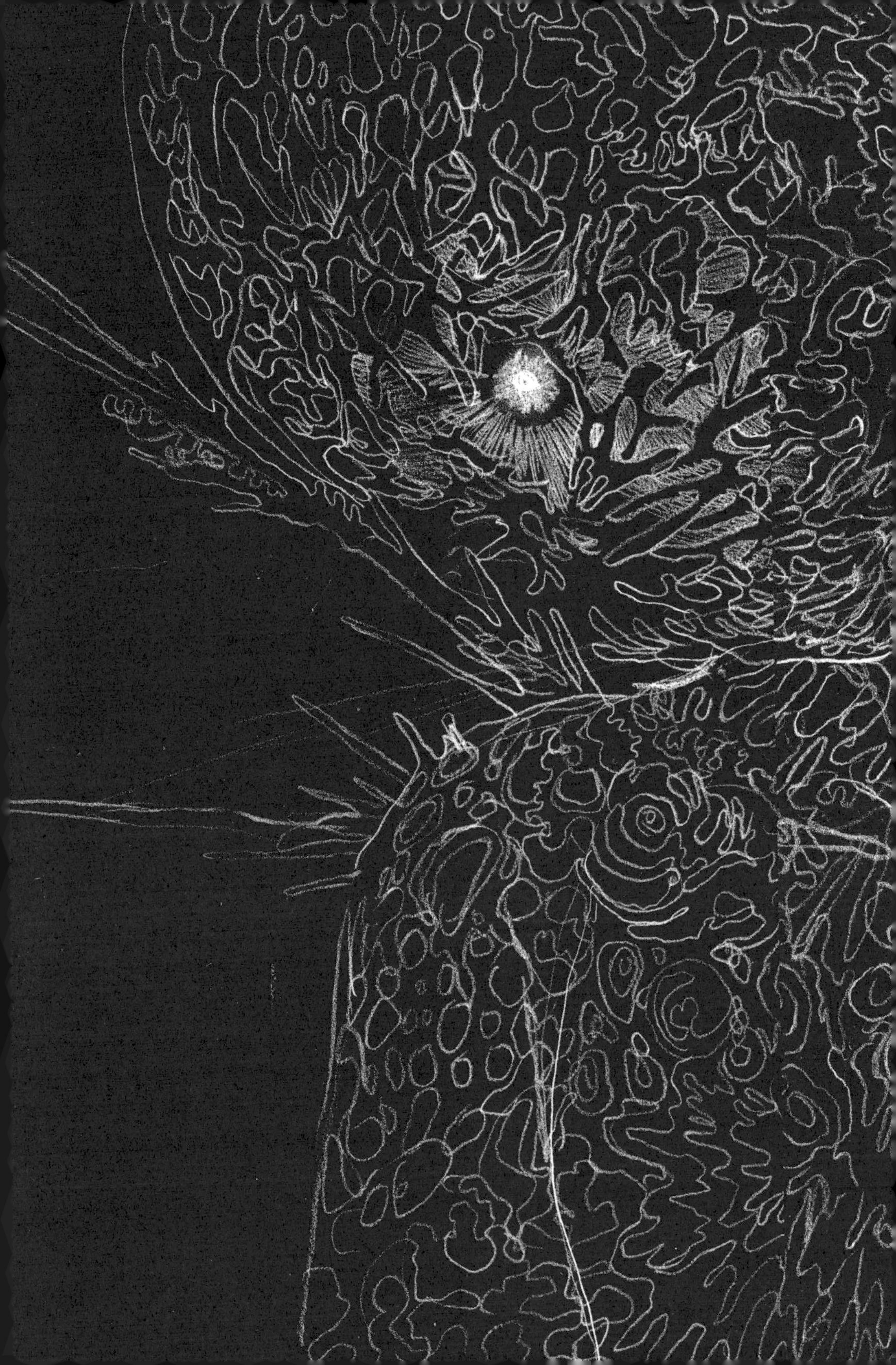

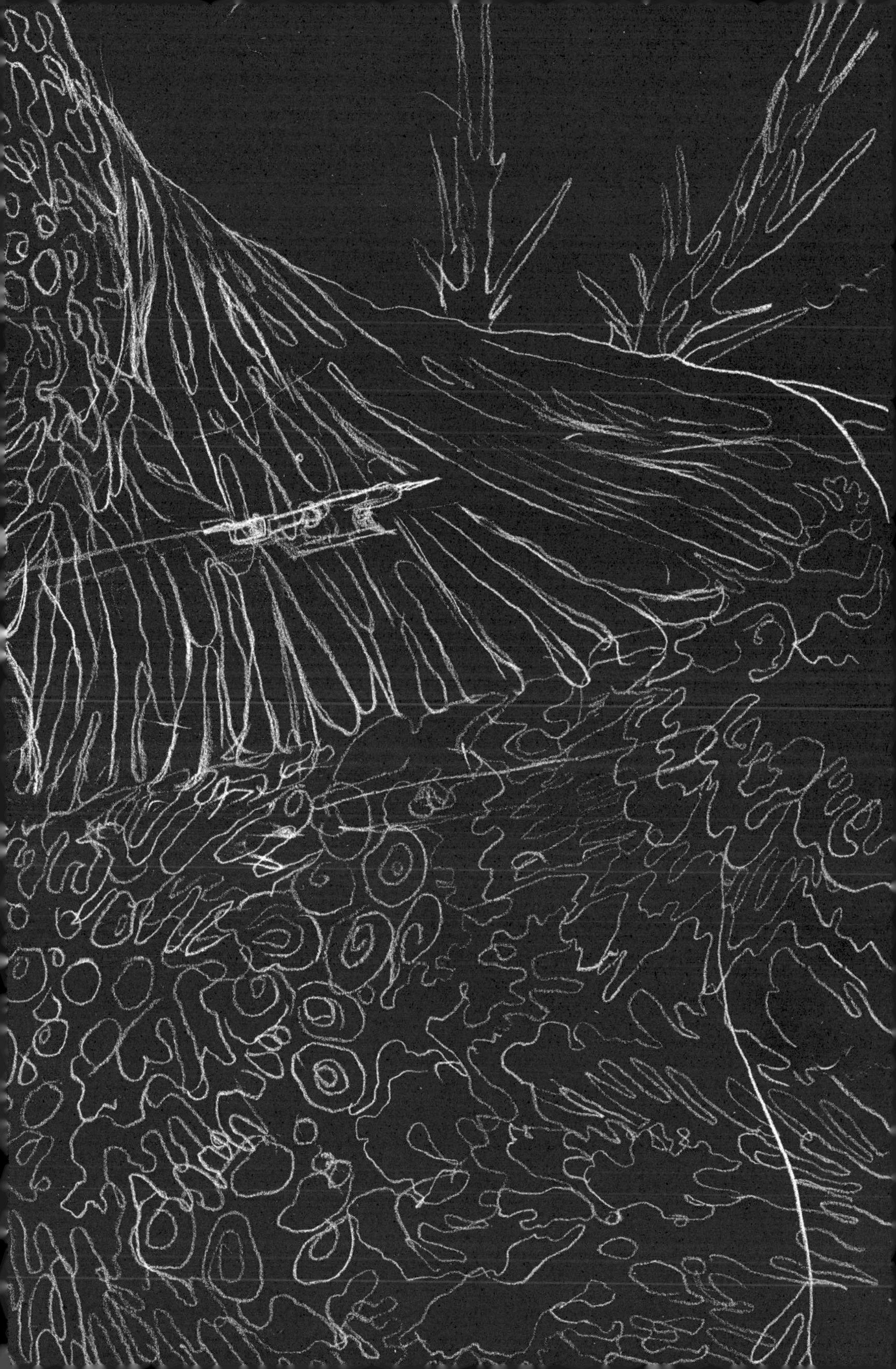

SEEKERS
—探索者たち—

2024年7月11日　初版第1刷発行

著者
MON

デザイン
池田寛(PIE Graphics)

校正
鴎来堂

編集
筒井由佳

発行人
三芳寛要

発行元
株式会社パイ インターナショナル
〒170-0005　東京都豊島区南大塚2-32-4
TEL 03-3944-3981　FAX 03-5395-4830
sales@pie.co.jp

印刷・製本
シナノ印刷株式会社

ISBN978-4-7562-5766-6　C0079
Printed in Japan